ROSEN

DER GROSSE NATURFÜHRER

ROSEN

Arten – Standorte – Aufzucht – Pflege

Manfred Döpper – Wolfgang Unterlercher

VERLEGT BEI
KAISER

Deutsche Erstausgabe

www.kaiserverlag.com
E-Mail: office@kaiserverlag.com

Einbandgestaltung: Context St. Veit – Markus Kurrent
Satz: Context Type & Sign Pink, St. Veit/Glan
Gesamtherstellung: Delo Tiskarna, Ljubljana-Slowenien

Inhaltsverzeichnis

Einführung

Kaum eine andere Pflanze hat die Fantasie des Menschen so sehr beflügelt wie die Rose. Sie wird als die Königin aller Blumen bezeichnet und begleitet den Menschen schon seit Jahrtausenden. Die Rose (lat./botanisch *Rosa*) gilt im Abendland als die edelste der Blumen und symbolisiert vor allem in roter Farbe die Liebe. Rosen sind in der nördlichen gemäßigten und subtropischen Zone beheimatet, wobei das entwicklungsgeschichtliche Entstehungszentrum in Mittel- bis Zentralasien liegt. Hier sind auch heute noch die meisten Arten zu finden. Rosen sind nur auf der Nordhalbkugel (Nordamerika, Europa, Asien und Nordafrika) heimisch, denn sämtliche Rosen auf der Südhalbkugel sind durch Menschen angesiedelt worden. Durch Kreuzungen und Züchtungen immer weiter veredelt, zählt man heute bis zu 30.000 verschiedene Rosensorten. In dieser Einführung wird ein umfassender Überblick über diese faszinierende Pflanze gegeben.

KULTURGESCHICHTE

Die Rose gilt als die älteste Kulturpflanze der Menschheit. Die ältesten Funde, die man bisher gemacht hat, sind Fossilien, welche die Abdrücke von Rosenblättern aufweisen und 25 bis 30 Millionen Jahre alt sind. Die Chinesen pflanzten wahrscheinlich schon um 2700 v. Chr. erste Rosensträucher als Zierde für ihre Gärten. Auch im antiken Griechenland wurde nachweislich Rosenbalsam als Heilmittel verwendet. Zur Römerzeit wurden in Italien Rosen zur Parfümherstellung und als Heilpflanze kultiviert. Für die Römer war die Rose ein absoluter Luxus, denn ihre Festmahle waren von Rosenblüten übersät.

Abb. auf Seite 2: Kletterrose »Key Rambler«.

Erste Hinweise auf Rosen findet man auf einer Tontafel in sumerischer Keilschrift. Es handelt sich dabei offenbar um ein Rezept für Rosenwasser. 2350 v. Chr. erfährt man aus einer Aufzeichnung, dass der Sumererkönig Sargon fremde Gewächse in sein Land brachte, nämlich Weinreben, Feigenbäume und auch Rosen. Ca. 1000 Jahre später führte der Assyrerkönig Tiglat-Pileser erstmals Rosen in seinem Land ein, die allerdings ausschließlich den Reichen vorbehalten waren. Die Rose war auch bereits im bronzezeitlichen Griechenland bekannt und wird u. a. in Homers *Odyssee* erwähnt. Die älteste bekannte Abbildung einer Rose findet sich im Palast von Knossos auf Kreta. Im antiken Griechenland wurden Rosen schnell populär und König Midas beeindruckte den Geschichtsschreiber Herodot mit seinem Rosengarten. Ein erstes Handbuch über Rosen wurde um 300 v. Chr. von Theophrast (einem Schüler Platos und Aristoteles') verfasst. Die Römer übernahmen von den Griechen das Wissen über die Rosenzucht, wobei Plinius der Ältere bereits einen ersten Rosenkatalog mit einer Liste von 13 Rosen veröffentlichte. Sein Neffe Plinius der Jüngere legte sogar selbst einen Rosengarten an. Die Römer entwickelten bereits eine Art Zentralheizungssystem, um die Blühdauer der Rosen zu verlängern. Eine besondere Rolle spielten Rosen während der römischen Festmahle. Die Gäste rieben sich mit Rosenöl ein, schritten auf Rosenteppichen zur Gasttafel oder ließen sogar in ihren Weingläsern Blütenblätter schwimmen. Kaiser Nero feierte ein verschwenderisches Fest namens *sub rosa* und auch die ägyptische Königin Kleopatra soll ihren Geliebten Mark Anton in einem Raum willkommen geheißen haben, in dem er bis an die Knie in den Blütenblättern von Rosen versank.

Nach dem Ende des Römischen Reiches waren es vor allem die Klöster, in deren Gärten Rosen gepflanzt wurden. Karl der Große verordnete 794 schließlich unter anderen den Anbau der Rose als Heilpflanze, damit fanden Rosen auch in privaten Gärten wieder Verbreitung.

Mit der Völkerwanderung verliert sich jedoch auch das Wissen um die Rose. In der Landgüterverordnung Karls des Großen wurden alle Höfe des Kaisers verpflichtet, bestimmte Pflanzen, vor allem Heilpflanzen, anzubauen. Aber bereits an zweiter Stelle stand die Rose. Die Kreuzritter brachten von ihren Fahrten schließlich die *Rosa damascena* aus Syrien mit, welche mit ihrem intensiven Duft und dem aus ihren Blütenblättern gepressten Öl ganz Europa verzauberte. Aber auch die so genannte

Gloria Dei

»Apothekerrose« (die als Heilpflanze verwendete *Rosa Gallica officinalis*) und *Alba Maxima*, aus der ein Augenwasser gewonnen wurde, kamen mit den Kreuzrittern nach Europa.

Im 13. Jh. wurden in Deutschland bereits einige Rosensorten beschrieben, die jedoch alle nur einmal blühend waren. Neue Sorten entstanden nur durch Mutationen oder natürliche Kreuzungen. Alle Sorten wiesen entweder weiße oder rosa Farbtöne auf, rote und gelbe Farbtöne gibt es in Europa erst seit dem 16. Jh. Sie wurden damals von den Entdeckungsfahrten nach Asien mitgebracht. Mit dem zunehmenden Eindringen asiatischer Rosen begann man Rosen ernsthaft zu züchten, und es entstanden unzählige neue Gattungen, von denen ein Teil wieder verschwunden ist.

In der Neuzeit begannen vor allem die europäischen Höfe der Renaissance und des Barocks mit der Rosenzucht. Dabei wurden einheimische Wildrosen mit persischen, nordafrikanischen und chinesischen Rosen gekreuzt.

Die Rose fand bald Eingang in die Malerei, vor allem flämische und niederländische Künstler stellten sie auf ihren Werken dar. Großen Einfluss auf die Rosenzüchtung hatte Kaiserin Josephine de Beauharnais, die Gattin Napoleons (1763–1814), welche auch die erste Rosensammlung anlegte und alle damals bekannten Rosenarten anbauen ließ (zum Zeitpunkt ihres Todes wuchsen dort immerhin 250 verschiedene Sorten).

In Mitteleuropa setzte die Rosenzucht gegen Ende des 18. Jh. ein. Eine der ersten Rosenzüchtungen war die um 1773 von Daniel August Schwartzkopf in Kassel gezogene »Perle von Weißenstein«. 1867 wurde in Frankreich die legendäre Rose »La France« gezüchtet. Es war die erste Teehybride, die in der Einteilung der Rosen eine wichtige Rolle spielt, und mit der die eigentliche moderne Rosenzucht beginnt.

Zu Beginn des 20. Jh. setzte ein wahrer Boom in der Rosenzucht ein, der sich im Laufe der Jahrzehnte immer mehr verstärkt hat. Anstelle von reinen Nutzgärten wur-

Rosa rugosa

den die Hobbygärten immer beliebter. Vor allem die Einführung der Rosensorte »Gloria Dei« im Jahre 1942 hatte einen unglaublich großen Einfluss auf die Rosenzucht und trug in hohem Maße zur Beliebtheit von Rosen bei. Inzwischen wurden bereits weit über 30.000 Rosensorten gezüchtet. Viele dieser bunten, teilweise Atem beraubenden Ergebnisse finden Sie in diesem Naturführer.

Botanische Beschreibung

Die Rose ist ein strauchartiges Gehölz, dessen Triebe verholzen und den Winter blattlos überdauern. Sie gehört zur großen Familie der Rosengewächse, wobei direkte »Verwandte« alle wichtigen Obst- und viele heimische Wildgehölze wie Weißdorn, Eberesche, Schlehe und Traubenkirsche sind.
Rosensträucher wachsen freistehend aufrecht, können aber mit Hilfe von Rankhilfen auch klettern (auch als Rambler oder Spreizklimmer bezeichnet). Es gibt Arten, die keine oder nur sehr wenige Stacheln besitzen. Für den kommerziellen Schnittblumenhandel sind in letzter Zeit sogar dornenlose Sorten auf den Markt gekommen. Denn obwohl in der Poesie häufig beschrieben, haben Rosen keine Dornen, sondern Stacheln. Diese können unterschiedlich gefärbt (rötlich bis schwarz) und auch unterschiedlich groß bzw. geformt sein (gerade, keilförmig oder hakig gekrümmt).
Die Früchte der Rosen werden Hagebutten genannt, wobei das »Fruchtfleisch« essbar und sehr vitaminreich ist. Öfter blühende Rosen bilden allerdings durch den Sommerschnitt keine Hagebutten aus. Die Blüten sind fünfzählig, die Staubblätter sind sehr zahlreich. Wildrosenblüten haben in der Regel fünf Blütenblätter (Petalen) und fünf Kelchblätter (Sepalen). Aus der Blüte entwickelt sich nach der Befruchtung die Frucht der Rose, eben die Hagebutte.

Rosen bilden entweder einzelne Blüten aus, oder aber die Blüten sitzen in rispenartigen Blütenständen. Kultivierte Rosen (Gartenrosen) kommen in fast allen Farben außer reinem Blau und Schwarz vor, dabei gibt es zahlreiche Farbmischungen.
Das Blatt der Rose ist gefiedert (zusammengesetzt), wie es in der Fachsprache heißt. Dabei können die Blättchen 3-, 5-, 7- oder mehrzählig sein und bilden in der Summe eine Einheit. Edelsorten haben normalerweise größere, dafür wenige Fiederblätter; Wildrosen sind eher kleinlaubig, dafür aber sehr stark gefiedert.
Viele Rosensorten verbreiten einen angenehmen Duft in den verschiedensten Duftnoten. Leider sind gerade Duftrosen etwas weniger widerstandsfähig gegen Pilzkrankheiten. Viele Sorten haben gefüllte Blüten, das heißt, ein Teil oder alle Staubblätter sind in Blütenblätter umgewandelt.
Die Rose ist der formenreichste Blütenstrauch und durch die unermüdliche Arbeit der Rosenzüchter gibt es heute Rosensorten mit den unterschiedlichsten Blütenfüllungen – von der einfachen Urform der Wildrose bis zu stark gefüllten Edelsorten mit bis zu 100 Blütenblättern.

Nutzung

In erster Linie wird die Rose als Schnittblume verwendet, die zu zahlreichen Anlässen Freude bereitet. Schnittrosen sind eine bedeutende Handelsware, die jeden Tag millionenfach versandt wird. Früher war Holland das Zentrum des Handels, heute liegen die wichtigsten Betriebe auch in Dänemark, den USA, Kolumbien oder Kenia. Durch interkontinentale Transporte ist es möglich, dass Rosen in Kenia geschnitten, sortiert und verpackt und bereits 24 Stunden später in Europa verkauft werden können.
Rosen können aber auch in der Kosmetik- und Heilmittelindustrie Einsatz finden: Rosenblüten der Provencerose und Damaszenerrose werden z. B. zur Gewinnung von Rosenöl und Rosenwasser verwendet. Rosenöl ist auch Grundlage vieler Kosmetikprodukte und Parfums und wird auch zu heiltherapeutischen Zwecken eingesetzt. Aus Rosenblüten kann man Rosenkonfitüre herstellen und kandierte Rosenblütenblätter können als Dessert genossen werden. Schließlich wird Rosenwasser auch als Zutat in Lebensmitteln wie z. B. Marzipan verwendet.

Symbolik

Die Rose gilt seit uralten Zeiten als Symbol der Liebe, aber auch der Verschwiegenheit. Noch heute gilt ein unter der Rose gesprochenes Wort als im Vertrauen gesagt. Im Christentum ist die Rose ein Sinnbild für das Paradies und die dornenlose Rose steht für die Gottesmutter Maria. Vor allem im Mittelalter stand die Rose grundsätzlich für die Frau an sich oder für die Liebe zu einer Frau.
In der Alchemie galt die Rose als Blume der Weisheit und des klaren Verstandes. Nicht vergessen darf man die Rose als Symbol der Arbeiterbewegung. Die rote Rose wird noch heute von vielen sozialistischen und sozialdemokratischen Parteien und Verbänden im Logo verwendet.
Vor allem im Christentum spielte die Rose, wie erwähnt, eine sehr wichtige Rolle. Während die weiße Rose für die Reinheit der Jungfrau Maria stand, glaubten die Menschen im Mittelalter, dass *Rosa rubiginosa* (die Weinrose) aus einem Blutstropfen Christi erwuchs, der aus der Dornenkrone des Gekreuzigten stammte. Aber auch im mittelalterlichen Kirchenbau fand die Rose ihre architektonische Entsprechung: Die Rosette, das wie die Blütenblätter einer offenen Rose angeordnete Rosenfenster, bildet den Blickfang des Westportals gotischer Kathedralen. Die Rose wurde auch häufig auf Bannern, Wappen und Münzen abgebildet. Besonders in England wurde die Rose zur Nationalblume erhoben. Das Haus Lancaster trug beispielsweise die rote Rose auf ihrem Banner, das Haus York die weiße Rose, während die Tudorrose mit ihren roten und weißen Blütenblättern für die Aussöhnung der beiden Adelsgeschlechter steht.

FARBEN UND FARBSYMBOLIK
Rosen gibt es in fast allen Farbnuancen von Weiß über Gelb, Rosa, Rot, Violett, Schwarzrot bis zu Grün. Immer schon hat man verschiedene Farben mit bestimmten Eigenschaften oder Symbolen in Verbindung gebracht. Rote Rosen sind das Symbol für die Liebe, ein Strauß von 12 roten Rosen gilt als Liebesbeweis. Karminrote Rosen stehen für die Trauer, weiße Rosen für Leidenschaft, Unschuld und Treue, rosarote Rosen stehen für Jugend und Schönheit. Gelbe Rosen symbolisieren Eifersucht, Neid und Untreue. Orange Rosen stehen für Glück und Hoffnung. In der Romantik wurde die blaue Rose in der Literatur als Ausdruck der Sehnsucht nach dem vollkommenen Glück gedeutet.

EINIGE WEITERE SYMBOLE
Blaue Rosen symbolisieren das Unerreichbare und konnten 1923 erstmals im k.u.k. botanischen Garten Wien gezüchtet werden. Allerdings ist die Farbe nicht wirklich Blau, sondern schwankt zwischen Mittelblau und Türkis. Bis heute gibt es keine reinen blauen Rosen, sondern die in Blumengeschäften angebotenen blauen Rosen sind immer gefärbt.

Einteilung der Rosen

Zur Familie der Rosengewächse (Rosaceae) zählen weltweit zahlreiche Gattungen, die auch viele Zierpflanzen, aber auch wertvolle Obstsorten wie Äpfel, Birnen, Kirschen oder Erdbeeren einschließen. Die Rosen selbst werden als Gattung *Rosa* bezeichnet, die aus ungefähr 140 Arten besteht. Der Großteil davon (95) stammt aus Asien, 18 stammen aus Nordamerika und der Rest aus Europa und Nordafrika. Seit den Anfängen der Rosenzüchtung im 18. Jh. bis heute sind weltweit über 30.000 Rosensorten entstanden. Sie werden verschiedenen Gruppen zugeordnet, die sich in Wuchs- und Blühverhalten sowie den Pflegeansprüchen (vor allem Schnitt) unterscheiden.

KLASSIFIZIERUNG
Die intensive Züchtungsarbeit der letzten Jahrzehnte, mit der zahlreiche Züchter Sorten der verschiedensten Gruppen untereinander kreuzten und so die Gruppen derart ineinander fließen oder sich überlappen, führte dazu, dass auch die Rosenexperten keine exakte Trennung mehr durchführen können. So manche Rose wird deshalb von Experten in verschiedenen Klassen angegeben. Es gibt bisher keine international bindende Vorschrift über die Klassifizierung und demzufolge sind in verschiedenen Ländern unterschiedliche Einteilungen üblich.

Die wichtigsten Klassifizierungsversuche wurden von folgenden Organisationen erarbeitet:

1) von der American Rose Society. Sie hat ein System zur Klassifikation zusammengestellt, das sich vor allem an den Anforderungen der angelsächsischen Aussteller orientiert und gibt auch eine umfassende Zusammenstellung von Rosennamen heraus.
2) vom Weltverband der Rosengesellschaften (World Federation of Rose Societies) von 1979). Er hat zwar die ausführlichste Liste zusammengestellt, die jedoch für den praktischen Gebrauch wenig Bedeutung hat.
3) vom Verband britischer Rosenzüchter, dessen Liste zwar für die Züchter sehr bedeutend ist, aber sicherlich bald überarbeitet werden muss.
   Die wesentlichen Unterschiede: Die Engländer unterscheiden dabei drei große Hauptgruppen: 1. Arten, 2. Sorten bis 1970, 3. Sorten ab 1970.

Die Amerikaner kennen den Einschnitt nach Einführungsjahr nicht. Sie haben wesentlich mehr Rosenklassen und Untergruppen als die anderen, halten sich etwa an die bisher übliche Einteilung, wobei für die in Deutschland übliche Unterteilung nach Floribunda- und Polyanthahybriden nur die Gruppe Floribunda vorhanden ist. Bei

den Kletterrosen unterscheiden sie je nach Wuchstyp zwischen Rambler und Climber. In ihrem System wird ein Code aus einer römischen Zahl und einem Buchstaben verwendet, dazu kommt noch ein Farbschlüssel, der aus den Anfangsbuchstaben der englischen Bezeichnung besteht. So stellt beispielsweise die Bezeichnung »III C or« eine orangerote Floribundasorte dar.
Weitgehend gemeinsam ist allen drei Vereinigungen, dass Rosen in »Wildrosen« und »Gartenrosen bzw. Kulturrosen« aufzuteilen sind.
In Deutschland z. B. richtet man sich in etwa nach der Klassifizierung des Weltverbandes der Rosengesellschaften.
Zeitlich unterscheidet man neben den Wildrosen »Alte Rosen« (auch »Antike oder Historische Rosen«) und »Moderne Rosen«. Alle davon bilden wieder zahlreiche Untergruppen.

ADR-ROSEN (»ANERKANNTE DEUTSCHE ROSEN«)

Die Auszeichnung »Anerkannte Deutsche Rose« (ADR-Rose) erhalten neue Rosenzüchtungen, die in 11 verschiedenen Prüfungsgärten Deutschlands angepflanzt wurden. Sie müssen dabei über drei bzw. vier Jahre ohne den Einsatz von chemischen Pflanzenschutzmitteln gesund blieben und einen hohen Zierwert aufweisen. Die ADR-Prüfung wurde 1950 vor allem auf Betreiben des berühmten Züchters Wilhelm Kordes gegründet und ist heute ein Arbeitskreis aus Vertretern des Bundes deutscher Baumschulen, Rosenzüchtern und unabhängigen Prüfungsgärten. Die Ergebnisse werden vom Bundessortenamt ausgewertet und jährlich auf einer gemeinsamen Tagung diskutiert Angeblich ist die ADR-Qualitätsprüfung die strengste Neuheitenprüfung der Welt.
Die Bewertung erfolgt nach Punkten, wobei maximal 100 Punkte erreicht werden können. Bewertet werden dabei u. a. die Winterhärte, die Buschform und Wüchsigkeit; die Gesundheit/Krankheitsresistenz, die Knospen- und Blütenform oder die Blütenwirkung.
Die endgültige Punktzahl errechnet sich aus den Mittelwerten aller Jahre und aller Prüfungsgärten. Zur Auszeichnung mit dem ADR-Prädikat muss eine Sorte mindestens 80 Punkte erreichen, die von der Mehrzahl der Prüfer vergeben werden. Bisher standen bereits über 1500 Sorten in der ADR-Prüfung, von denen über 100 Sorten ausgezeichnet wurden. Das dokumentiert auch die Strenge dieser Prüfung, denn der Prozentsatz der anerkannten Rosen beträgt unter 10%!
Einer ADR-Rose kann aufgrund der inzwischen verschärften Prüfungsbedingungen das Gütesiegel auch wieder aberkannt werden, wenn sie die strengen Ansprüche nicht mehr erfüllt.

VERWENDUNGSMÖGLICHKEITEN

Es gibt bei den Rosen praktisch unzählige Farben und Formen. Um sich einen besseren Überblick zu verschaffen, werden Rosen in verschiedene Klassen eingeteilt. Dabei unterscheidet man nach der Wuchsform (Erscheinungsbild) und der Verwendung zwischen Wildrosen, Beetrosen, Strauchrosen, Kletterrosen, Bodendeckerrosen und Zwergrosen (auch Miniaturrosen). Auch in Katalogen großer Rosenfirmen ist diese Unterteilung die häufigste.
Das Rosensortiment umfasst heute weltweit mehr als 30.000 Sorten. Die folgende Übersicht stellt natürlich keine Wertung dar, denn jede Klasse hat ihre spezifischen Eigenschaften und ist für bestimmte Gärten geeignet. Die Übergänge sind oft fließend, sodass manche Sorten mehreren Gruppen angehören können.

WILDROSEN

Wildrosen (auch botanische Rosen oder naturnahe Rosen genannt) sind bereits seit über 25 Millionen Jahren auf der Nordhalbkugel der Erde heimisch, wobei in unseren Regionen die so genannte Hundsrose (*Rosa canina*) die bedeutendste wildwachsende Rosensorte ist. Die jungen und saftigen Triebe sind gut genießbar und das Fleisch der Hagebutte, der Frucht der Rose, ist nahrhaft und enthält viel Vitamin C. Wildrosen sind sozusagen die Urahnen unserer modernen Rosen, wenngleich sie nur einmal im Jahr blühen.
Rosa canina besitzt einfache, ungefüllte Blüten mit meist nur fünf Blütenblättern. Das besondere Kennzeichen vieler Wildrosen sind ihre stacheligen Triebe, mit denen

sie sich gegen Feinde schützen. Vor allem Insekten werden vom Duft und der Farbe sehr angezogen.
Es wurde lediglich eine einzige gelb blühende Wildrose entdeckt (*Rosa foetida*), die aus dem Mittleren Osten stammt. Es gibt zwei verwandte rosafarbene Sorten, nämlich *Rosa foetida persiana* und *Rosa foetida bicolor*.
Wildrosen sind ohne Zutun des Menschen entstanden. Heute sind etwa 120 Arten bekannt, davon sind ca. 25 in Europa heimisch.
Wildrosen blühen nur jeweils einmal im Jahr und können auch im Garten gepflanzt werden, beispielsweise als einfassende Hecke oder an Böschungen. Die Pflanzen brauchen nur wenig Pflege und sind sehr robust. Vor allem bieten sie Vögeln einen Nistplatz und im Herbst mit den leuchtenden Hagebutten auch Winternahrung. Die vitaminreichen Hagebutten lassen sich zudem für Tee oder Gelee verwenden. Auch in der Arzneimittelmedizin und als Körperpflegemittel werden Hagebutten verwendet.

Oben: Rosa multiflora
Unten: Leonardo da Vinci

Einige Beispiele: *Rosa agrestis* (Ackerrose), *Rosa alba* (Weiße Rose), *Rosa canina* (Hundsrose), *Rosa gallica* (Essigrose), *Rosa glauca* (Hechtrose), *Rosa pendulina* (Alpenrose), *Rosa rubiginosa* (Weinrose), *Rosa tomentosa* (Filzrose) oder *Rosa villosa* (Apfelrose).

BEETROSEN

Sie werden auch Polyantha- oder Floribundarosen genannt und stellen eine Rosengruppe mit verzweigten Trieben und dichten Blütenbüscheln dar. Ihren Namen haben sie daher, weil sie Beetflächen sehr farbenfroh abdecken. Die Blüten sind einfach bis gefüllt, die Wuchshöhe schwankt zwischen 40 cm bis selten über 80 cm. Die Hauptblütezeit ist von Juni bis Oktober. Beetrosen bilden zahlreiche Blütenbüschel, welche das ganze Jahr über erscheinen.
In der Gruppe der Beetrosen werden kompakte Rosen zusammengefasst, die man als Gruppe auf einen Platz pflanzen

kann. Von den Edelrosen unterscheiden sich Polyantha- und Floribundarosen vor allem durch die Blüten. Diese können einfach, halb oder ganz gefüllt sein. In dieser Gruppe gibt es auch duftende Sorten.

Oben: France libre
Unten: Eden-Rose

EDELROSEN (TEEHYBRIDEN)
Die Edelrose ist, wie der Name schon ausdrückt, die eigentliche »Königin der Blumen«. Sie besticht vor allem durch große, elegante, gut gefüllte Blüten, die auf einem langen Blütenstiel sitzen. Es können sich je nach Sorte auch mehrere Blüten pro Trieb entwickeln. Edelrosen erreichen zumeist Höhen von ca. 60 cm, selten bis über 120 cm. Edelrosen sind öfter blühend von Juni bis Oktober. Diese eleganten Rosen eignen sich besonders gut zum Vasenschnitt und sind somit klassische Schnittrosen. Die edel geformten Blüten sind häufig duftend.

STRAUCHROSEN
Bei dieser sehr formenreichen Gruppe handelt es sich um aufrechte Blütensträucher mit teils überhängenden Zweigen. Sie sind sowohl für die Einzelstellung als auch für die Gruppenpflanzung geeignet, wobei man Pflanzen mit überhängenden Zweigen besser

Coco

einzeln pflanzen sollte. Die Höhe beginnt meist bei 150 cm, wobei die Pflanzen selten über 250 cm hoch werden. Die einzelnen Sorten reichen von kugeligen Büschen bis hin zu großen, aufrecht wachsenden Sträuchern. Die Hauptblütezeit bei den öfter blühenden Sorten ist von Juni bis Oktober.
Unter dem Begriff werden alte, englische, moderne und wilde Rosen zusammengefasst. Strauchrosen lassen sich gut mit anderen Ziersträuchern kombinieren, da sie höher und breiter werden als Beet- oder Edelrosen. Strauchrosen sind winterhart, brauchen nicht regelmäßig geschnitten zu werden und bezaubern im Herbst mit ihren gelben oder roten Hagebutten.

KLETTERROSEN
Sie eignen sich besonders gut für Mauern, Wände und Pergolen. Die einzelnen Sorten haben ausgeprägt lange Triebe, die man problemlos in die gewünschte Richtung wachsen lassen kann. Die Höhe beginnt meist bei 200 cm, selten werden Kletterrosen über 300 cm hoch. Die Hauptblütezeit der öfter blühenden Sorten ist von Juni bis Oktober.
Eine Untergruppe der Kletterrosen sind die so genannten Ramblerrosen, die stark wachsend sind und sich durch biegsame, peitschenförmigen Langtriebe auszeichnen. Sie sind ideal für Pergolen und Torbögen und erreichen eine Höhe von über 400 cm. Ihre Blütezeit ist im Juni/Juli, wobei öfter blühende Sorten bis Oktober blühen. Es gibt einzelnen Sorten mit weichen Trieben, die eine Kletterhilfe brauchen und angebunden werden müssen.

FLÄCHENROSEN (BODENDECKER- UND KLEINSTRAUCHROSEN)
Diese Rosen werden dazu verwendet, größere Flächen zu begrünen oder Beete bzw. Terrassen einzufassen. Der Wuchs ist flach bis überhängend, wobei die Pflanzen eine Höhe ab 20 cm, selten über 70 cm erreichen. Die Hauptblütezeit ist von Juni bis Oktober.
Bei dieser Gruppe gibt es duftende Rosen mit einfachen, halb gefüllten und gefüllten Blüten. Einige niedrig wachsende Sorten können sich sehr rasch ausbreiten und bilden einen richtigen Blütenteppich. Einige angebotene Sorten sind allerdings nicht dicht genug, um das Unkraut ausreichend zu unterdrücken.

ZWERGROSEN
Diese Klasse eignet sich vor allem für den Balkongärtner bzw. wenn wenig Platz zur Verfügung steht. Zwergrosen sind kompakt und ideal für Balkonkästen, Gärten oder Steingärten. Das Gefäß sollte allerdings ziemlich tief sein, da Rosen lange Wurzeln besitzen. Ihre Höhe bewegt sich um 30 cm. Die Hauptblütezeit ist von Juni bis September. Zwergrosen sind heute als Topfrosen wieder sehr gefragt. Sie bleiben zwar klein, können aber beachtliche Verzweigungen entwickeln. Allerdings haben sie den Nachteil, dass sie meist nicht duften.

Hochstammrose in Parkanlage

STAMMROSEN
Sie sind eigentlich keine eigenständige Gruppe, sondern eine durch Veredelung der Stämme erreichte Wuchsform. Rosenschulen veredeln dabei Sorten der unterschiedlichen Rosenklassen auf eine gewisse Stammhöhe: Der Halbstamm beträgt 60 cm, der Hochstamm 90 cm und der Kaskadenstamm (Trauerstamm) 140 cm. Es gibt zwar nicht von allen Rosensorten Hochstämme, doch ist das Sortiment trotzdem beachtlich.

ENGLISCHE ROSEN (NEW ENGLISH ROSES)
Hierbei handelt es sich um eine neue Rosenklasse, die sich aus prall gefüllten, duftenden und öfter blühenden Beet- und Strauchrosen zusammensetzt. Sie erreichen eine Höhe zwischen 60 und 150 cm. Die Hauptblütezeit ist von Juni bis Oktober.
Besonders erwähnenswert sind hier die Leistungen des englischen Rosenzüchters David Austin. Dieser weltbekannte Züchter kreuzte in den 60er-Jahren des 20. Jh. alte Rosen mit modernen Edelrosen. Die Ergebnisse konnten sich sehen lassen und verbinden den Charme klassischer Rosen mit den Vorzügen moderner Rosen. Englische Rosen besitzen gefüllte Blüten und erscheinen in den Farben Rot, Rosa, Gelb bis Apricot. Zudem blühen sie auch mehrmals im Jahr und wurden auch in Mitteleuropa rasch populär.
Neben diesen bewährten Gruppen gibt es auch eine zeitliche Unterteilung der Rosen.

MODERNE ROSEN
Das Jahr 1867 bedeutete einen wichtigen Meilenstein in der Rosenzucht, denn in diesem Jahr tauchten erstmals die so genannten »Teehybriden« oder Edelrosen auf. Der Rosenzüchter Jean-Baptiste Guillot entdeckte sie unter einigen Sämlingen in seiner Rosenschule in Lyon. Er vermutete eine Kreuzung zwischen einer Remon-

tant-Hybride und einer Teerose. Teehybriden haben einen aufrechten Wuchs und einen kräftigen, geraden Stängel. Die Blüten sind sehr ebenmäßig geformt und erscheinen bis zum Öffnen der Blüte sehr reichlich. Die erste Teehybride erhielt übrigens den Namen La France. Der englische Züchter Henry Bennett setzte die Anerkennung der neuen Klasse durch und züchtete im Laufe der folgenden 20 Jahre 30 weitere Teehybridensorten.

ALTE ODER HISTORISCHE ROSEN (KLASSISCHE ROSEN)
Zu dieser Gruppe zählen alle Rosen, die bereits vor dem Jahr 1867 einer Rosenklasse angehörten. Allerdings kann es sich auch um eine jüngere Züchtung handeln, da auch verbesserte und gartentauglicher gemachte Sorten teilweise zu den »Alten Rosen« gezählt werden. Alte Rosen wachsen oft strauchartig und besitzen häufig gut gefüllte und duftende Blüten.
Man kann die Alten Rosen in zwei große Hauptgruppen unterteilen:
Gruppe I: Gallica, Albarosen, Damascena, Zentifolien (mit ihrer Untergruppe der Moosrosen).
Gruppe II: Chinarosen, Portlandrosen, Bourbonrosen, Noisetterosen, Remontantrosen.
Die rote oder rosarote Gallica gilt als die »Mutter aller europäischen Gartenrosen«. Albarosen (*Rosa alba*) sind sehr winterhart und wachsen auch im Halbschatten. Damaszenerrosen sind wegen ihres intensiven Duftes sehr geschätzt und die Zentifolie (übersetzt »die Hundertblättrige«) findet man auf vielen Blumenstillleben des 17. und 18. Jh. Sie war früher die typische Gartenrose.
Sowohl die *Rosa centifolia* als auch die *Rosa damascena* sind als Lieferanten von Rosenöl sehr bekannt.
Die Rosenzüchtungen aus China sind noch viel älter, da es bereits im 10. Jh. eine hochentwickelte Rosenzüchtung gab. Durch den intensiven Handel mit England kamen die ersten Chinarosen nach Europa. So entstand beispielsweise die berühmte Portlandrose aus einer Kreuzung von Damaszener-, Gallica- und Chinarose.
Der Begriff »Klassische Rosen« wurde von Peter Beales geprägt und bezeichnet alte und heute nicht mehr gängige Rosensorten.

Zur Hagebutte

Hagebutten enthalten die Vitamine A, B1, 2, C, K, P sowie Calcium, Eisen, Kalium, Natrium, Magnesium, Phosphor, Zink, Bioflavonoide, Antocyane, Lycopin, Pektine, Gerbstoffe und Fruchtsäuren. Sie sind wahre Vitaminbomben, denn sie enthalten 33-mal soviel Vitamin C wie Zitronen. Besonders Vitamin-C-reich ist die Schale. Hagebutten sollte man feuerrot ernten, sie sollten dabei aber noch nicht weich sein. Dann haben sie nämlich den höchsten Vitamin-C-Gehalt. Bei Überreife kann dieser vom Menschen aber leider nicht mehr genutzt werden. Frost vermindert übrigens den Vitamin-C-Gehalt. Werden Hagebutten nicht genutzt, sollte man sie so früh wie möglich abschneiden, um die Blühfreudigkeit der Rosen nicht unnötig zu beeinträchtigen.

Der Rosenkauf

Speziell in den letzten Jahren ist eine enorme Anzahl neuer Sorten auf den Markt gekommen. Viele davon zeichnen sich zur Freude der Liebhaber durch Resistenzen gegen Pilzkrankheiten aus. Selbst erfahrene Rosenfreunde sind deshalb gut beraten, den Fachhandel aufzusuchen, denn selbst bunte Etiketten können die Beratung durch einen Gärtner nicht ersetzen! Um sicher zu gehen, dass die Rosen lange Freude bereiten, sollte man beim Kauf unbedingt auf Qualität und keinesfalls auf günstige Angebote achten. Zudem kann man sich in einer Rosengärtnerei, einer Baumschule oder einem Gartencenter auch über die Eigenschaften der jeweiligen Sorte informieren lassen. In der Regel sind Rosen veredelt, das heißt, dass einer Wildrose das Auge einer Sorte eingesetzt wurde. Dadurch werden Robustheit der Wildsorte mit Blütenpracht der Edelsorte vereint.

WAS IST BEIM KAUF ZU BEACHTEN?
Rosenkauf ist immer Vertrauenssache, doch kann auch der Käufer auf bestimmte äußere Merkmale achten, die Rückschlüsse auf die innere Güte der Rose zulassen.

TRIEBE
Rosen von hoher Qualität besitzen ein festes und glattes Triebholz, wobei nicht die Dicke der Triebe entscheidend ist, sondern ihre Härte. Beim Rückschnitt der Triebe sollte man einen deutlichen Widerstand spüren. Die Triebe dürfen keine Verletzung, Verfärbungen oder Rillen aufweisen, da sie in diesem Fall entweder falsch gelagert wurden oder vielleicht gar von Krankheiten befallen sind.

WURZELN
Wurzeln müssen stets vor Wind und Sonne geschützt werden, da sie viel schneller vertrocknen als die oberirdischen Triebteile. Ob die Wurzeln intakt sind, kann man sehr leicht dadurch prüfen, indem man sie leicht ankratzt. Darunter muss eine weißliche Farbe zum Vorschein kommen. Sind die Wurzeln braun oder schwärzlich verfärbt, ist die Pflanze kaum überlebensfähig und sollte keinesfalls gekauft werden!

WIE WERDEN ROSEN ANGEBOTEN?
Wurzelnackte Pflanzen: Auf den ersten Blick ist der Kauf wurzelnackter Rosen der günstigste. Besonders im öffentlichen Grün oder bei Ausschreibungen mit großen Stückzahlen spielt diese Pflanzform eine Rolle. Für den Gartenbesitzer ist dies weniger interessant, da es hierbei die meisten Ausfälle gibt. Deshalb werden im guten Fachgeschäft fast ausschließlich Containerrosen geführt (siehe unten).

Wurzelverpackte Rosen: Wurzelverpackte oder auch **ballierte Rosen** sind eine sehr häufige Angebotsform. Hier sind die Wurzeln der Rose durch einen Erdballen geschützt. Oft sind die Rosen mit einem kompostierbaren Netz oder einem Rosentopf umgeben, der mitgepflanzt werden kann. Die Wurzeln sind geschützter, allerdings sind auch die Pflanzen etwas teurer. Ein Vorteil ist auch, dass das Wurzelwachstum beim Pflanzen nicht gestört wird und auch bereits belaubte Rosen ohne Unterbrechung weiterwachsen. Beachten Sie die Hinweise auf der Verpackung, die beschreiben, ob das Ballennetz entfernt werden muss oder nicht.

Containerrosen: Es ist die teuerste, zugleich aber auch die Angebotsform mit den meisten Möglichkeiten. Die Pflanzen können praktisch das ganze Jahr über gepflanzt werden (außer in Frostperioden). Die Rose ist dabei in einem Topf mit mindestens drei Liter Volumen eingetopft, sodass man auf Anhieb sieht, welche Pflanze man kauft. Die gute Containerrose sollte im Topf bereits gut durchwurzelt sein. Da sie bereits an die Topfkultur gewöhnt ist, ist sie für Kästen und Kübel besonders gut geeignet.
Bei all diesen Angeboten sollte aber nicht vergessen werden, dass der Herbst die beste Pflanzzeit ist, auch wenn es von der Witterung her schon etwas ungemütlich wird. Im Herbst gepflanzte Rosen haben noch genügend Zeit, neue Wurzeln zu bilden. Den Lohn dafür erhält man mit einer reichen Blüte im folgenden Sommer. Speziell bei wurzelnackten Rosen sind bei der Herbstpflanzung die wenigsten Ausfälle zu befürchten!

Rosenzucht

Rosen werden verschiedenen Gruppen zugeordnet, die sich in Wuchs- und Blühverhalten sowie den Pflegeansprüchen (vor allem Schnitt) unterscheiden. Allen gemeinsam ist jedoch, dass sie gute Pflege brauchen, damit man sich lange an ihrer Pracht erfreuen kann.

Versuchsfeld für neue Rosensorten

Rosen sind so genannte Tiefwurzler und brauchen daher einen tiefgründig humosen Boden. Die meisten Rosen sind Dauerblüher, welche bis in den Herbst hinein aktiv sind. Sie müssen also auch ständig mit Nährstoffen versorgt werden. Hier zunächst einmal die allerwichtigsten Tipps:

- Der Standort sollte möglichst sonnig, aber nicht zu heiß sein. Dabei sollte eine Pflanzung in direkten Südlagen, vor Mauern oder Hauswänden vermieden werden!
- Vermeiden Sie Wurzeldruck und Schatten von Bäumen, da Rosen keine Konkurrenz vertragen!
- Sorgen Sie für eine gute Luftzirkulation und einen möglichst luftigen Standort, weil stehende Luft Rosen anfälliger für Mehlrußtau macht!
- Mit einer guten Grunddüngung (z. B. verrotteter Mist) schaffen Sie ideale Startbedingungen für eine optimale Blühkraft!
- Vermeiden Sie saure Böden und pflanzen Sie die Rosen nach Möglichkeit in wasserdurchlässige, gut durchlüftete und tiefgründige sandige Lehm- oder Lößböden!

Mit diesen Grundregeln schaffen Sie bereits von vornherein beste Voraussetzungen für eine erfolgreiche Rosenzucht!

DER RICHTIGE STANDORT

Das Erfolgsrezept für die Rosenzucht ist die optimale Kombination zwischen der passenden Rosensorte und dem vorhandenen Standort. Das klingt zwar sehr einfach, ist aber nicht immer leicht umzusetzen. Wichtig und entscheidend für eine erfolgreiche Rosenpflanzung sind vor allem die Faktoren Licht, Boden, Kleinklima und Sortenrobustheit!

Rosen lieben einen warmen, sonnigen bis halbschattigen, windgeschützten Standort mit guter Luftzirkulation und fruchtbarem tiefgründigem Boden, der auch ausreichend Wasser und Nährstoffe enthält. Die Sonnenstrahlen lassen nasse Blätter schneller abtrocknen, wodurch auch der Befall durch Pilzkrankheiten spürbar gemindert wird.

Die Bedingungen müssen natürlich nicht immer so ideal sein, denn zahlreiche Rosen gedeihen auch auf weniger guten Böden recht gut. Allerdings spart man sich dadurch die Mühe, einen idealen Standort zu finden, einiges an Pflege und Pflanzenschutz.
Ungünstig wirkt sich ein Standort unmittelbar an einer Südwand oder südwärts gerichteten Terrasse aus, da hier durch die starke Sonneneinstrahlung sehr trockene und heiße Luft entsteht. Dies kann zu Verbrennungen an den Blättern und zu raschem Verblühen der Blumen führen. Trockene, stehende Luft begünstigt auch den Befall durch »Echten Mehltau«, die »Rote Spinne« oder durch Blattläuse. Im Winter kann die Sonne den Trieben zu viel Wasser entziehen, sodass diese vertrocknen und leichter erfrieren können. Als Standorte sehr geeignet sind Beete im Freien, im Rasen oder Standorte vor Gehölzen. Rosen vertragen auch Halbschatten, allerdings gedeihen sie kaum im Schatten von Bäumen und in dichter Nähe zu anderen Pflanzen. Der Standort sollte zwar luftig, aber nicht zu kalt und zu zugig sein.
Stehen Rosen im Tropfbereich der Baumkronen, bleibt das Laub der Rosen wesentlich länger nass und feucht. Auch das kann den Befall durch Mehltau und Sternrußtaupilze sehr begünstigen.
Viele Rosen vertragen zwar Halbschatten, brauchen aber dann zumindest 4–5 Stunden Sonne täglich. Achtung: Es gibt einzelne Sorten, die keine Sandböden vertragen!
Da Rosen so genannte Tiefwurzler sind, bevorzugen sie tiefgründige, durchlässige Böden. Daher müssen undurchlässige Bodenschichten oder Verdichtungen vor der Pflanzung unbedingt aufgebrochen werden. Die Pflanzen brauchen nämlich eine durchwurzelbare Schicht von mindestens 50 cm!
Schließlich sollte man noch die so genannte »Bodenmüdigkeit« oder Nachbaukrankheit berücksichtigen. Werden Rosenpflanzungen auf Flächen, auf denen bereits Rosen gestanden haben, gepflanzt, kann es oft zu Minderwuchs kommen. Es empfiehlt sich in diesem Fall ein Erdaustausch bis zu 50 cm Tiefe, falls kein neuer Standort gefunden werden kann.
Im Handel werden Rosen für die unterschiedlichsten Bedingungen und Standorte angeboten. Eine umfassende Prüfung vor dem Kauf lohnt sich also auf jeden Fall!
Ist der richtige und optimale Standort gefunden, beschränkt sich die Bodenpflege in weiterer Folge auf das Düngen, das Entfernen von Unkraut und auf das Lockern der Oberfläche nach starken Regenfällen. Dabei muss immer darauf geachtet werden, dass die Wurzeln nicht beschädigt werden. Auch muss immer Luft in den Boden und an die oberen Wurzeln gelangen. Wenn wenig Niederschlag fällt, empfiehlt sich eine Feuchtigkeit speichernde Mulchschicht. Meist besteht diese aus Rindenmulch von Fichte und Lärche. Gut bewährt hat sich Häckselgut von Laubbäumen. Gegen das Unkraut hilft auch eine Unterpflanzung mit flachwurzelnden Bodendeckern.

DIE PFLANZUNG VON ROSEN

Rosen werden heute verstärkt im Topf kultiviert und können daher ganzjährig gepflanzt werden. Die beste Pflanzzeit ist allerdings, wie bereits erwähnt, der frühe Herbst. Das Pflanzloch sollte sowohl bei wurzelnackten, ballierten oder Containerrosen etwa doppelt so breit wie der Wurzelballen sein. Weiters muss es so tief sein, dass die Wurzeln ohne Knicken eingesetzt werden können. Die Pflanzabstände liegen bei Zwergrosen zwischen 25–30 cm, bei Edelrosen und Beetrosen zwischen 40–50 cm, bei Strauchrosen zwischen 80–120 cm und bei Kletterosen zwischen 100–150 cm. Der Standort sollte hell und sonnig sein, dabei muss ein Abstand zu Mauern (Stauhitze) oder anderen Sträuchern und Bäumen (zu viel Schatten) eingehalten werden.
Der Boden sollte tiefgründig, gut gelockert und nährstoffreich sein. Von der Bodenbeschaffenheit hängen der eigentliche Wachstumserfolg und die Lebensdauer der Rose ab. Er muss mindestens 50 cm tief gut gelockert werden. Es darf keine Staunässe entstehen und auch das Unkraut sollte entfernt werden. Kompost, verrotteter Mist oder gute Pflanzerde können schon jetzt beigemengt werden. Bei wurzelnackten Rosen werden die oberirdischen Triebe und Wurzeln auf ca. 20 cm zurückgeschnitten, dabei sollten möglichst viele Faserwurzeln erhalten bleiben. Vor

dem Einpflanzen werden die Rosen mehrere Stunden lang komplett in einen vollen Wasserkübel gegeben. Beim Pflanzen sollte die Veredelungsstelle ca. 2–3 Finger breit unter der Erde sein. Wenn die Pflanzgrube zur Hälfte mit Erde gefüllt ist, wird sie eingewässert. Erst wenn das Wasser versiegt ist, wird die Grube vollständig angefüllt. Jetzt kann Spezial-Gärtnererde 1:1 mit dem Oberboden vermischt werden.

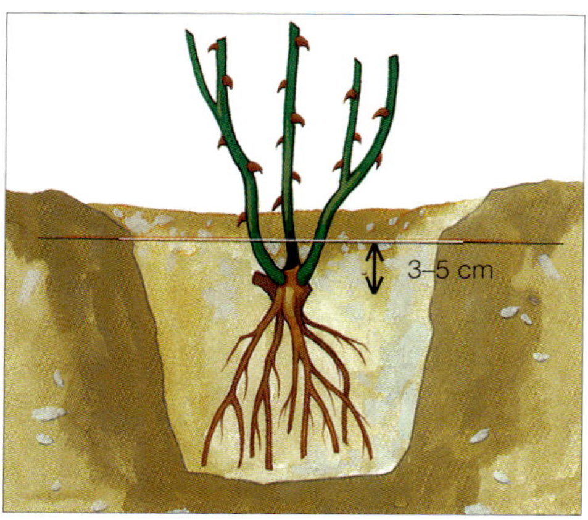

WANN IST DIE BESTE PFLANZZEIT?

Wurzelnackte Rosen können von Oktober bis Anfang Mai außer bei Frost gepflanzt werden, wobei leichter Nachtfrost nicht schadet).
Ballierte, vorverpackte Rosen pflanzt man von Oktober bis Mitte April – außer bei Frost – und Containerrosen ganzjährig (außer bei Frost).

DIE PFLANZUNG VON WURZELNACKTEN ROSEN

Wurzelnackte und vorverpackte Rosen sollte man vor dem Pflanzen mehrere Stunden in Wasser stellen, wobei die Wurzeln und die Veredelungsstelle (verdickter Knoten zwischen Wurzeln und grünen Trieben) von Wasser gut bedeckt sein sollte. Achten Sie darauf, dass die Wurzeln während des Transportes und des Einpflanzens nicht austrocknen!
Die Triebe werden vor dem Pflanzen auf ca. 20 cm gekürzt, beschädigte Wurzeln mit einer Schere abgeschnitten. Anschließend schneidet man die Wurzelspitzen leicht an, um sie zu neuer Wurzelbildung anzuregen. Es sollte aber so wenig wie möglich abgeschnitten werden!
Das Pflanzloch wird so tief ausgehoben, dass die Wurzeln nicht geknickt oder nach oben gebogen werden. Die Ansichten über die Pflanztiefe variieren selbst unter Experten beträchtlich. War früher 3–5 cm unter der Erdoberfläche die Norm, so ist man heutzutage bestrebt, die Veredelungsstelle nicht tiefer als 2–3 cm zu platzieren. Der Boden des Pflanzloches sollte zusätzlich gelockert werden.
Nun wird das Pflanzloch mit Pflanzerde gefüllt, wobei keine Hohlräume zwischen den Wurzeln entstehen dürfen und die Pflanzerde mit einem Drittel gut verrottetem Kompost gemischt werden kann. Abschließend wird die Pflanzerde mit den Händen angedrückt und ein Gießwall um die Rose geformt, damit das Wasser direkt zu den Wurzeln sickern kann. Kräftig an-

gießen! Nach dem Versickern des Wassers wird die oberste Erdschicht wieder gelockert und die Rose etwa mit 15 cm Gartenerde angehäufelt. Diese Anhäufelung kann im Frühjahr, wenn die Rose deutlich ausgetrieben ist, wieder entfernt werden.
Frisch gepflanzte Rosen dürfen im ersten Sommer nicht vertrocknen, aber auch nicht zu viel Wasser bekommen. Es sollte immer darauf geachtet werden, dass nur die Erde um die Rose gegossen wird, da nasse Blätter Pilzkrankheiten begünstigen. Ist eine Rose gut eingewurzelt, hält sie auch längere Trockenperioden aus.

DIE PFLANZUNG VON CONTAINERROSEN

Die Pflanzung von Rosen aus dem Container ist für den Gartenbesitzer die einfachste Form mit den geringsten Ausfällen. Vor dem Verpflanzen muss der Ballen feucht sein, dasselbe gilt für das Beet. Da die Rosen im Regelfall schon im Topf in der optimalen Pflanzhöhe postiert wurden, darf die Rose nur unwesentlich tiefer in den Boden kommen.

DIE PFLANZUNG VON HOCHSTAMMROSEN

Sie erhalten bei der Pflanzung einen festen Pfahl, damit sie der Witterung besser standhalten können. Dieser wird bereits vor der Pflanzung eingeschlagen, damit die Wurzeln nicht beschädigt werden. Der Abstand von Pfahl und Rosenstamm sollte 10–15 cm betragen. Der Stamm wird nach dem Einsetzen mindestens zweifach mit einer stabilen Schnur (z. B. einem Kokosstrick) festgebunden. Es muss regelmäßig darauf geachtet werden, dass die Schnur nicht einwächst und die Rinde verletzt!

DIE PFLANZUNG VON KLETTERROSEN

Kletterrosen pflanzt man in einem Abstand von mindestens 50 cm von der Hauswand, damit sie sich optimal entwickeln können. Es empfiehlt sich eine Rankhilfe im Abstand von 10 cm zur Hauswand, um eine ausreichende Luftzirkulation zu gewährleisten. Kletterrosen werden leicht schräg in das Pflanzloch eingesetzt, hier liegt die Veredelungsstelle ca. 5 cm unter der Erdoberfläche. Dann werden die Pflanzen zur Rankhilfe geleitet und die Triebe am Gerüst befestigt. Abschließend wird wie bei den wurzelnackten Rosen angehäufelt.

DIE PFLANZUNG VON BALLIERTEN ROSEN

Sie werden so behandelt wir wurzelnackte Rosen. Zumeist ist auf der Verpackung genau angegeben, wie man vorgehen muss. Auch sie werden gut gewässert und angehäufelt.

DIE RICHTIGE DÜNGUNG

Nährstoffe sind vor allem dann wichtig, wenn die Rose nach häufigem Rückschnitt immer wieder neue Triebe aufbauen muss. Es empfiehlt sich eine Kombination aus mineralischem Dünger (Rosendünger, Langzeitdünger oder Volldünger) und einem Spurenelementdünger. Wichtig ist vor allem, dass vor der Blütenbildung ausreichend Nährstoffe im Boden vorhanden sind. Allerdings muss der Dünger direkt in die Erde eingebracht und darf niemals über die Pflanze gestreut werden! Spätestens ab August sollte die Düngung verringert bis eingestellt werden, damit die Triebe vor dem Winter noch gut verholzen können. Im Handel werden sehr gute Spezialdünger für Rosen angeboten, die alle wichtigen Nährstoffe enthalten. Es gibt auch Dünger, die auf mineralischer Basis beruhen und bei deren Anwendung nach Herstelleranweisung das Düngen kein Problem darstellt. Die Mengenangaben auf der Packung sollten genau eingehalten werden!
Vor allem können auch eigene Erfahrungen gesammelt werden, je nach Boden, Klima und Witterung.
Eine sommerliche Bodendecke aus Kompost, Holzhäcksel oder Rasenschnitt sorgt für gleichbleibende Bodenfeuchtigkeit. Bei zu hohen und zu späten Stickstoffgaben (nach dem 1. Juli) kann der Mehltaubefall begünstigt werden. Als Abwehr dagegen hat sich Kali als sehr wirksam erwiesen.

WANN MUSS GEDÜNGT WERDEN?
Im ersten Jahr ist normalerweise noch keine Düngung nötig. Erst ab dem zweiten Jahr wird im Frühjahr beim Austrieb ein Rosendünger, mineralisch oder organisch, exakt nach Packungsangaben um die Rose gestreut und leicht eingearbeitet. Auf leichten Böden kann im Juni dann eine zweite Düngung erfolgen. Dabei sollte nie nach Mitte Juli gedüngt werden, da sonst im Herbst das Rosenholz nicht rechtzeitig ausreifen kann und im Winter erfriert.

Rosen schneiden

Der Sinn des Rosenschnittes ist es, Rosen blühfreudig und gesund zu erhalten. Er ist wichtig für das Wachstum, die Blütenbildung, die Gesundheit, die Wuchsform und die Lebensdauer der Rose. Allerdings werden nicht alle Rosen gleich geschnitten. Stets entfernen sollte man Wildtriebe, kranke und dürre Äste. Triebstummel dürfen nie angeschnitten werden, der Schnitt muss immer ca. 5 mm über einem Auge (Trieb) erfolgen, damit dieses nicht verletzt wird. Wichtig sind auch gute Werkzeuge, und hier sollte man nicht sparsam sein. Denn eigentlich braucht man nur eine scharfe Rosenschere und eine kleine Astsäge, um Rosen selbst fachmännisch zu schneiden. Ein sauberer, glatter Schnitt ist wichtig, um Infektionen der Schnittstelle mit Schaderregern zu vermeiden.

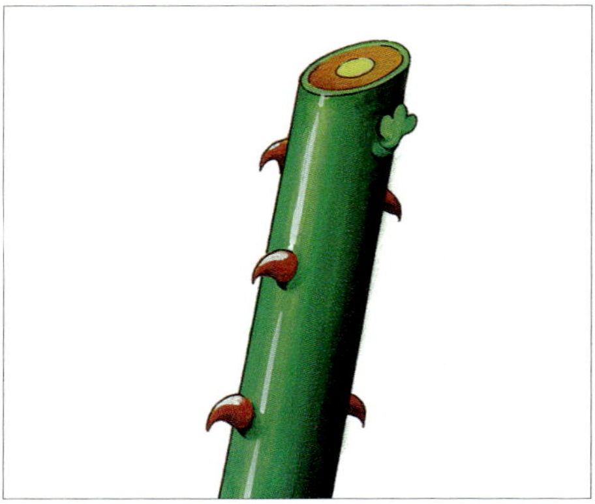

Der Schnitt erfolgt leicht schräg über einem Auge.

Im Frühjahr erfolgt der Rückschnitt, wenn die Triebknopsen langsam anschwellen. Nur Strauchrosen werden nicht zurückgeschnitten (siehe auch Beschreibung der einzelnen Gruppen).
Im Sommer werden die verblühten Blüten regelmäßig weggeschnitten und mit dem ersten Blatt entfernt. Man schneidet 5 mm über dem zweiten Auge, da sich hier eine kräftigere Knospe befindet. Der Schnitt muss durchgeführt werden, bevor sich Hagebutten bilden. Im Sommer werden auch dürre Triebe herausgeschnitten. Kletterrosen werden nach der Blüte geschnitten, damit die Pflanzen genug Zeit für einen Neuaustrieb haben und im nächsten Jahr reich blühen.
Der Winterschnitt wird im Spätherbst durchgeführt, dabei entfernt man altes trockenes Holz und schneidet alle Triebe auf die Hälfte zurück. Einmal blühende Strauch- und Kletterrosen werden nicht geschnitten! Ganz unproblematisch ist der Schnitt von Kleinstrauch- oder Bodendeckerrosen, denn diese können sogar mit einer Heckenschere geschnitten werden.

WIE SCHNEIDET MAN RICHTIG?
Geschnitten wird leicht schräg und knapp 5 mm über einem Auge (der grünen Knospe an den Trieben). Man sollte darauf achten, dass nicht zu hoch über dem Auge, zu dicht am Auge oder unsauber geschnitten wird!

GRUNDREGELN FÜR DEN ROSENSCHNITT
- Alle geschädigten oder toten Triebe bis in das gesunde Holz zurückschneiden.
- Sehr dünne und schwache Triebe am Triebansatz entfernen.
- Einmal blühende Rosen lediglich auslichten, da sonst die Blüte beeinträchtigt wird. Öfter blühende Rosen hingegen je nach Art und Wüchsigkeit richtig zurückschneiden.
- Schwach wachsende Sorten kürzer zurückschneiden als stark wachsende.

Die einzelnen Rosensorten haben natürlich auch unterschiedliche Ansprüche!

ORIENTIERUNGSHILFE FÜR DEN SCHNITT
Im Frühjahr, wenn keine starken Spätfröste mehr zu befürchten sind!

WAS WIRD GESCHNITTEN?
Bei allen Rosen wird zunächst erfrorenes, krankes, verletztes und zu dünnes Holz herausgeschnitten, wobei bis zum gesunden Holz geschnitten wird. Das Mark darf nicht mehr braun, sondern muss bereits grünlich weiß sein. Man bezeichnet dies auch als »Auslichtungs- oder Gesundheitsschnitt«.
Bei einmal blühenden Rosen darf man nie die frischen Triebe abschneiden, da es sich um die zukünftigen Blüten handelt!
Öfter blühende Rosen werden etwa 30 cm eingekürzt, wobei man starke Rosentriebe schwach zurückschneidet und schwache Triebe stärker.

ÖFTER BLÜHENDE STRAUCHROSEN
Diese sollte man, abgesehen von kleineren Auslichtungen, zunächst einige Jahre wachsen lassen, damit sie ihre Form finden. Man kann durch den Rückschnitt die endgültige Höhe der Pflanze festlegen. Ein kräftiger Rückschnitt führt dabei zu wenigeren, aber schöneren Blüten und einem niedrigeren, kompakten Busch. Ein leichterer Rückschnitt bewirkt eine höhere Pflanze von natürlicherem Wuchs und zahlreicheren Blüten. Ein zu groß gewordener Strauch verträgt nach einigen Jahren einen radikalen Verjüngungsschnitt. Generell sollten aber nur alle fünf bis sieben Jahre die Grundtriebe in Bodennähe entfernt werden. Natürlich müssen abgestorbene und kranke Triebe jährlich entfernt werden.

EINMAL BLÜHENDE ROSEN
Bei diesen Rosen ist es im Allgemeinen nicht erforderlich, sie in den ersten beiden Jahren zurückzuschneiden. Später wird es notwendig sein, abgestorbene und kranke Triebe zu entfernen und die gesunden Triebe um etwa ein Drittel ihrer Länge einzukürzen. Alte einmal blühende Rosen kann man nach der Blüte um ein Drittel zurückschneiden, damit sie neue Triebe bilden können, die dann im nächsten Jahr blühen.

WILDROSEN
Sie brauchen kaum einen Rückschnitt. Man kann eventuell nach einigen Jahren den einen oder anderen Haupttrieb entfernen, um die Bildung neuer Triebe anzuregen.

EINMAL BLÜHENDE KLETTERROSEN
Diese benötigen in den ersten zwei bis drei Jahren im Allgemeinen keinen Rückschnitt. Die Pflanzen werden nicht im Frühjahr geschnitten, da sonst die Blüte im Sommer darunter leiden würde. Abgestorbene und kranke Triebe werden entfernt und die Rose nach der Blüte ausgelichtet.

ÖFTER BLÜHENDE KLETTERROSEN
Sie werden im Frühjahr leicht zurückgeschnitten, wobei die jungen, kräftigen Langtriebe stehen bleiben und die Seitentriebe auf vier bis fünf Augen eingekürzt werden. Dünne und ältere Triebe werden ebenfalls entfernt.

RAMBLERROSEN
Wichuraiana Rambler haben lange biegsame Triebe, an denen die Blütenzweige erscheinen. Um für neue Triebe aus der Wurzel Platz zu schaffen, sollten die abgeblühten Triebe direkt nach der Blüte entfernt oder auf 10–20 cm zurückgeschnitten werden. Wichuraiana Climber besitzen steifere Triebe und bilden neue Triebe am alten Holz. Oberhalb der neuen Triebe kann man bedenkenlos zurückschneiden.

EDEL-, BEET- UND ZWERGROSEN
Damit sie möglichst kompakt wachsen, müssen diese Rosen jährlich ziemlich kräftig zurückgeschnitten werden. Der beste Termin ist der März. Je stärker der Rückschnitt ist, desto weniger Triebe werden gebildet. Diese sind dafür aber umso stärker. In einem zweiten Schnitt werden dann die Triebe bei den Edel- und Beetrosen

auf 20–30 cm, bei den Zwergrosen auf 10–15 cm zurückgeschnitten. Kranke, alte und erfrorene Triebe werden entfernt.

BODENDECKERROSEN
Sie werden gegen Ende März stark zurückgeschnitten. Ist der Boden erst einmal bedeckt, reicht auch ein Schnitt alle drei Jahre. Man kann die Rosen auch sehr rigoros zurückschneiden!

HOCHSTAMMROSEN
Sie werden im Grunde so behandelt wie Edel-, Beet- und Zwergrosen. Im Frühjahr werden die Triebe auf 20–30 cm bzw. auf 10–15 cm zurückgeschnitten, wobei eine gleichmäßige, runde Kronenform entstehen sollte.

HISTORISCHE, ENGLISCHE ROSEN
Sie brauchen mehr Platz und blühen nur einmal an den zweijährigen Trieben. Es genügt eine Auslichtung alle zwei bis drei Jahre im Frühjahr. Werden sie wie Edelrosen stark zurückgeschnitten, blühen sie zwar üppiger, es leidet jedoch ihr unverwechselbares Aussehen. Alte und verholzte Triebe werden entfernt; wenn die Pflanze überaltert ist, sollte sie als Ganzes entfernt werden. Beim Vasenschnitt darauf achten, dass zwei Augen am Trieb verbleiben!

Die Vermehrung von Rosen

Die Vermehrung von Rosen ist bei weitem nicht so schwierig, wie viele glauben. Trotzdem ist die einfachste Variante, nämlich die Vermehrung durch Samen, etwas problematisch. Man erhält nämlich nie ein Abbild der ursprünglichen Sorte, weil die Nachkommen die Eigenschaften beider Elternteile zeigen. Das Ergebnis ist also nicht vorhersagbar und kann alle möglichen Farben und Formen beinhalten.
Will man also sortenreine Nachkommen erhalten, müssen Rosen veredelt oder über Stecklinge und Steckhölzer vermehrt werden.

VERMEHRUNG DURCH STECKLINGE
Gleich wie die Veredlung ist auch diese Vermehrungsform in der Regel Spezialbetrieben vorbehalten und nur der Vollständigkeit halber erwähnt.
Diese geschieht im Frühsommer, wenn Reisermaterial in der richtigen Reife zur Verfügung steht. Von gesunden Mutterpflanzen schneidet man Kopfstecklinge ohne Knospenansätze oder auch Teilstecklinge. Nach der Behandlung mit Bewurzelungshormon steckt man diese relativ eng in Stecklingssubstrat und stellt sie unter Sprühnebel. Durch laufendes Benebeln wird ein Welken der Blätter verhindert, was nach einiger Zeit zur Callusbildung und aus diesem zur Bewurzelung führt. Ist diese ausreichend, so werden die Jungpflanzen entweder auf Grundbeete aufgeschult oder eingetopft und fertig kultiviert. In großem Stil wird dies bei Bodendecker-, Polyantha- und Zwergrosen betrieben.
Ähnlich funktioniert die Vermehrung mit **Steckhölzern.** Diese werden im späten Herbst oder zeitigen Frühjahr aus einem Rosentrieb geschnitten. Sie sollten etwa 15–20 cm lang und bleistiftdick sein. Danach werden sie so tief in den Boden gesteckt, dass nur noch das oberste Auge erkennbar ist. Man muss allerdings darauf achten, dass man den Steckling nicht verkehrt in die Erde steckt! Nach einigen Monaten bilden sich dann Wurzeln und es erscheint ein kleiner Trieb. Damit die Rose später schön verzweigt wächst, werden die neuen Triebe mehrmals zurückgeschnitten. Die Vermehrung mit Steckhölzern eignet sich vor allem für Wildrosenhecken!

VEREDELUNG (OKULATION) VON ROSEN
Die beste Zeit für die Veredelung sind der Juli und der August. Die beste Unterlage sind robuste und wüchsige Wildrosen. Diese werden bereits im März als wurzelnackte Rosen gepflanzt, damit sie bis zum Sommer gut anwachsen. Idealerweise wählt man einen trüben Tag, nachdem man 14 Tage vorher die Pflanze gut gegos-

sen hat. Ganz wichtig sind Sorgfalt und Sauberkeit! Man verwendet am besten ein eigenes Veredelungsmesser, säubert den Wurzelhals mit einem Tuch und schneidet dann die Rinde T-förmig ein. Nun entfernt man von ausgereiften Trieben der Sorte, die man vermehren möchte (der so genannten Edelreiser) alle Blätter und Stacheln. Man verwendet nur Edelreiser von abgeblühten Rosen. Anschließend schneidet man vom Trieb ein ca. 3 cm langes Rindenstück heraus. Auf der Unterseite befindet sich ein feiner Holzspan, auf dem eine Knospe sitzt. Mit einem scharfen Messer wird das Auge mit dem Blattstummel von unten nach oben ziehend abgeschnitten. Dabei darf das Auge auf der Rückseite nicht beschädigt werden. Die Länge sollte je 1,5 cm oberhalb und unterhalb des Auges betragen. Der T-förmige Einschnitt auf der Unterlage wirkt wie eine offene Tasche, in die das Edelreis nun in Wuchsrichtung geschoben wird. Das Edelauge sollte ungefähr in der Mitte des senkrechten Schnittes sein, der überstehende Rest waagrecht entlang des T-Balkens. Achtung: Niemals die Schnittflächen mit dem Finger berühren! Dann wird die Veredelungsstelle mit Bast oder einem Veredelungsgummi verbunden. Das Edelauge hat nun direkten Kontakt mit der Unterlage und kann anwachsen. Fällt der Blattstummel nach ungefähr 14 Tagen ab, war die Veredelung erfolgreich. Nach einigen Wochen kann der Verband durchgeschnitten werden. Die Veredelungsstelle muss zum Schutz gegen die Kälte im Herbst unbedingt angehäufelt werden!
Wenn das Edelauge im nächsten Jahr austreibt, können auch oberhalb der Veredelung die Unterlage und alle Seitentriebe der Unterlage abgeschnitten werden. Um eine bessere Verzweigung zu erzielen, kann das Auge bei 5 cm Länge auf 2 cm zurückgeschnitten werden. Die Pflanze nicht zu trocken halten. Ungefähr ein Jahr nach der Veredelung, also im nächsten Herbst, kann die Rose dann umgepflanzt werden.

Krankheiten und Schädlinge

Rosen können von einer Vielzahl unterschiedlicher Krankheiten befallen werden. Man kann dem jedoch entgegenwirken, indem man optimale Wachstumsbedingungen schafft, für einen sonnigen Standort sorgt, eine den Bedürfnissen der Pflanze angepasste Düngung verwendet sowie sich über den richtigen Schnitt der jeweiligen Sorte informiert. Zu den häufigsten Krankheiten, die bei Rosen auftreten, zählen der Rosenrost, der Sternrußtau sowie der Grauschimmel. Beim Gießen sollte man daher darauf achten, dass nur an der Wurzel gegossen wird, damit Pilze kein feuchtes Klima auf den Blättern vorfinden. Der Echte Mehltau ist die wahrscheinlich häufigste Rosenkrankheit, man erkennt ihn an kleinen grauen Flecken an den Blättern, Blütenstängeln und Knospen. Zu den häufigsten Insekten, welche Rosen befallen, zählen Rosenzikaden, Rosenblattrollwespen, Thripse, Rosenblattläuse und Spinnmilben. Es gibt eine Reihe von hochwirksamen Insektiziden und Spritzmitteln, man sollte sich beim Rosenkauf ausreichend informieren.
Hier einige der bekanntesten bzw. gefürchtetsten Schädlinge und die Gegenmaßnahmen:

Der Dickmaulrüssler: Ab Mai finden sich an den Blatträndern buchtenförmige Fraßstellen, wobei der Schaden über Nacht entsteht und die Käfer sich tagsüber verstecken. Ab Ende Juni legen sie ihre Eier in der Nähe der bevorzugten Nahrung ab. Die Larven schlüpfen ab August im Boden, sie sind cremeweiß, haben einen hellbraunen Kopf und richten große Schäden an. Sie überwintern dann im Boden. Im April/Mai des folgenden Jahres schlüpfen die Käfer und beginnen an den Blättern der Rosen zu fressen. Sie können aber auch viele andere Pflanzen befallen.
Die beste Art der Vorbeugung ist es, nachts die Käfer abzusammeln. Als Gegenspieler sind im Handel vereinzelt spezifische Nematoden zu kaufen. Im Gießverfahren wirken sie gegen die Larven.

Die Gemeine Spinnmilbe: Den Befall erkennt man an den feinen Seidengespinsten zwischen Blättern und Stielen. Der Schädling ist mit der Lupe zu sehen.

Bei trockener und heißer Witterung kann die Spinnmilbe ab Mai massenhaft auftreten und durch Saugen an den Rosenblättern große Schäden anrichten.
Zur Vorbeugung werden die befallenen Blätter abgesammelt und vernichtet. Da die befruchteten Weibchen im Laub am Boden versteckt überwintern, sollte man schon im Herbst und zu Frühlingsbeginn vorsichtshalber altes Laub und Wildkräuter in der Nähe der Rosen entfernen.

Nematoden: Nematoden werden auch Wurzelälchen genannt und sind sehr dünne, ca. 2 mm lange, wurmähnliche Tiere. Sie schädigen vor allem die Rosenwurzel, welche mit Wucherungen und Knotenbildung reagiert, sodass die Pflanze schließlich verkümmert. Nematoden kommen vor allem in zu feuchten Böden vor.
Die beste Vorbeugungsmaßnahme ist ein rosengeeigneter Boden.

Rosenblattlaus: Bei starkem Befall durch diese grünen oder schwarzen Läuse kommt es zur Verkrüppelung und Verkrümmung von Trieben. Blattläuse schaden aber nicht nur durch das Saugen an den Blättern, sondern auch durch ihre Ausscheidungen. Auf diesem so genannten Honigtau können sich dann auch Rußtaupilze ansiedeln, welche das Rosenblatt noch zusätzlich schädigen. Rosenblattläuse treten vor allem von April bis Mai vermehrt auf, sind aber eher ein ästhetisches Problem.
Zur Vorbeugung sollte man die Rosen vor Wassermangel und zu viel Stickstoffdünger schützen. Als Hausmittel hat sich auch das Düngen mit Kaffeesatz bewährt. Zusätzlich kann man Nützlinge wie Marienkäfer und vor allem ihre Larven fördern.

Blattläuse auf Rosenblatt

Rosenblattminiermotte: Diese Kleinschmetterlinge legen ihre Eier auf der Blattunterseite ab. Man erkennt den Befall in den Blättern durch unregelmäßige geschlängelte Gangminen, die z.T. mit dunklem Kot gefüllt sind. Die kleinen Raupen fressen nämlich im Blatt und bilden die typischen Gangminen. Sie verpuppen sich dann im Sommer bzw. Herbst an Blattstielen oder Blättern.
Die Rosenblattminiermotte richtet meist nur geringen Schaden an. Zur Vorbeugung genügt es, wenn man die befallenen Blätter entfernt oder die Raupen zerdrückt, falls das Blatt noch nicht stark geschädigt ist.

Rosenblattrollwespe: Die Rosenblattrollwespe tritt vor allem dort auf, wo Rosen im Schatten wachsen. Sie ist etwa 3–4 mm groß, hat einen schwarzen Körper und gelblich braune Beine. Die Weibchen legen ab Mai bis Anfang Juni ihre Eier an den Blatträndern der Rosen ab. Die Larven fressen dann die oberste Schicht der Blattunterseiten ab, wodurch sich die Blätter einrollen und das typische Schadbild entsteht. Unternimmt man nichts dagegen, schlüpft im nächsten Frühjahr die nächste Wespengeneration.
Zur Vorbeugung sollte man alle eingerollten Blätter einsammeln und vernichten bzw. Schlupfwespen fördern.

Rosenblattwespe: Die grünlichen Larven der Rosenblattwespe sind mit freiem Auge gut zu erkennen. Sie können die jungen Blätter erheblich schädigen und da-

mit die ganze Pflanze schwächen. Die Larven fressen die Blattoberseite ab, sodass schließlich die Blätter abfallen.
Zur Vorbeugung sollte man alle Larven einsammeln und vernichten. Zusätzlich sollte man den Pflanzen etwas Dünger geben.

Rosengallwespe: Von diesem Schädling sind vor allem Wildrosen betroffen. Man erkennt den Befall an den bis zu tischtennisballgroßen Wucherungen, in denen sich die Larven befinden. Die Rosengallwespen legen ihre Eier im Frühsommer an die Spitzen junger Triebe, wo sich dann neue Gallen bilden. Die Larven überwintern darin und verpuppen sich im Frühjahr.
Zur Vorbeugung entfernt man die betroffenen Pflanzenteile und vernichtet sie anschließend.

Rosenkäfer: Dieser Schädling wird etwa 2 cm groß, hat goldgrüne Flügeldecken mit weißen Punkten und ist an der Unterseite kupferrot. Er höhlt die Blüte von innen aus und zerfrisst sie dann. Es gibt auch einen kleinen Rosenkäfer mit dunkelbraunen Flügeldecken und einer Größe von ca. 1 cm. Beide Arten sind glücklicherweise eher selten.
Zur Vorbeugung sammelt man die Käfer morgens ab, wenn sie noch unbeweglich sind.

Oben: Fraßgänge der Miniermotte
Unten: Rosenkäfer

Rosensägewespe: Die Rosensägewespe tritt meist an trockenen Standorten (Mauern) oder ungepflegten Stellen auf. Die Larven fressen unregelmäßige Löcher in die Blätter, wobei die Pflanzen durch die Verminderung der Blattoberfläche stark geschwächt werden.
Zur Vorbeugung entfernt man die Larven.

Rosenzikade: Dieser Schädling ist vor allem für Kletterrosen gefährlich, da die Rosenzikade in Mauerspalten überwintert. Bei Befall sind die Blattoberseiten weißlich gesprenkelt, wobei auf der Unterseite kleine weißliche, blattlausgroße Tierchen zu sehen sind, die an den Blättern saugen und bei Berührung fortfliegen. Die Larven der Rosenzikade sind gelblich grün, ca. 2 mm groß und saugen ebenfalls an der Blattunterseite. Rosenzikaden können zweimal jährlich auftreten (Mai bis Juli und Ende August bis September). Die im Herbst abgelegten Eier überwintern.
Zur Vorbeugung wählt man einen nicht zu heißen und trockenen Standort. Befallene Triebe werden im Herbst zurückgeschnitten und vernichtet. Als

Thripse

Hausmittel kann man Brennnesselbrühe verwenden, die man frühmorgens spritzt.

Triebbohrer: Dieser Schädling sticht ab April mit seinem Stachel in die Blattachseln eines Neuaustriebes und legt dort seinen Nachwuchs, eine winzige Larve ab. Diese frisst sich in den Trieb und bohrt sich entweder nach oben oder nach unten. Die Triebe beginnen plötzlich am oberen Ende zu welken. Um sicher zu gehen, kann man den Trieb an der welken Stelle spalten. Ist ein Fraßgang mit einer kleinen Raupe zu sehen, ist die Pflanze befallen. Leider kann der Befall an manchen Standorten immer wieder auftreten.
Zur Vorbeugung werden befallene Triebe bis ins gesunde Holz abgeschnitten und vernichtet. Im Frühstadium sollten die Blätter mit Einstich entfernt werden. Überdüngung vermeiden, da weiche Triebe besonders gern befallen werden.

Thripse: Sie sind etwa 1–3 mm groß, schlank; gelblich bis braun gefärbt; hinterlassen schwärzliche Kotpünktchen und bevorzugen trockene warme Luft. Beim Befall verkrüppelt die Blüte und verfault von innen. Klopft man leicht dagegen, springen winzige Tierchen heraus. Warme Witterung begünstigt den Befall. Zur Bekämpfung von Thripsen bietet der Fachhandel eine Vielzahl verschiedener Produkte an.

VORSICHT BEI CHEMIKALIEN

Beim Gebrauch von Chemikalien sollte man unbedingt das Etikett und die Gebrauchsanweisung beachten. Besonders schädliche und giftige Mittel sind immer mit einem Totenkopf gekennzeichnet. Man sollte diese immer in einem verschließbaren Giftschrank und fern von Lebensmitteln aufbewahren. Beim Spritzen selbst dürfen keine Kinder und Haustiere in der Nähe sein. Vermeiden Sie den Hautkontakt, vor allem bei noch unverdünnten Mitteln. Diese sind jedoch nicht nur für die Haut selber höchst gefährlich, sondern können auch an den Rosen großen Schaden anrichten! In Abwendung von Giften werden alternative Mittel auf öliger und pflanzlicher Basis angeboten, welche teilweise sehr gute Wirkung zeigen. Ihr Fachmann in der Nähe wird Sie beraten.

ROSENKRANKHEITEN

Durch mangelndes Wissen und unsachgemäße Zuchtmethoden kann sehr viel Schaden an den Rosen angerichtet werden. Hier erfahren Sie, was man an den Blättern ablesen kann und welche Schäden durch Klima und Kulturfehler auftreten können.

Frostschaden: Diesen erkennt man durch wellige, blasig aufgeworfene Blätter mit Flecken und braunen Rändern. Die Ursachen sind meist unerwartete Spätfröste. Gefährdet sind vor allem Blätter, die sich noch im Wachstum befinden.

Sonnenbrand: Werden die Blätter in voller Sonne begossen, entstehen Flecken, da die Wassertropfen wie ein Brennglas wirken. Der Sonnenbrand ist nicht mit Pilzkrankheiten zu verwechseln!

Staunässe: Wird die Pflanze zu feucht gehalten, macht sich das an den Blättern bemerkbar. Es treten große gelbe Zonen auf, die sich vom Blattstiel her ausbreiten. Aber auch Abgase und Unkrautvernichtungsmittel (Herbizide) können dieses Schadbild verursachen.

Trockenheit: Ist der Boden zu trocken, kann man dies ebenfalls an den Blättern erkennen, die unregelmäßig verteilt gelb werden und plötzlich abfallen.

Verätzungen: Sie entstehen vor allem, wenn Körnchen von mineralischem Dünger auf die nassen Blätter kommen und diese angreifen. Sehr gefährdet sind auch junge Triebe.

BLATTVERÄNDERUNGEN DURCH MANGELERSCHEINUNGEN

Stickstoffmangel: Dieser zeigt sich durch schwächliche Triebe sowie schmale und bleichgrüne Blätter, die früh abfallen und manchmal mit roten Punkten übersät sind.

Kaliummangel: Er tritt vor allem auf Sandboden auf und macht sich durch rötlich schimmernde junge Blätter bemerkbar. Ältere Blätter sind braun gerandet, die Blüten bleiben klein.

Phosphormangel: Zeigt sich durch purpurfarbene Flecken auf der Unterseite der jungen, dunkelgrünen Blätter. Auch früher Laubfall weist darauf hin.

Chlorose (Bleichsucht): Die Aufnahme von Eisen, welches das Blattgrün bildet, ist durch zu kalkhaltigen Boden, Staunässe und Holzschäden behindert. Lediglich die Blattadern bleiben grün.

Magnesiummangel: Bei Magnesiummangel wird die Bildung von Blattgrün herabgesetzt. Am Laub zeigen sich in der Mitte gelb-rote, abgestorbene Zonen, wobei die älteren Blätter zuerst abfallen.

BLATTVERÄNDERUNGEN DURCH PILZINFEKTE

Vorab sei gesagt, dass bei der Pilzprävention die Sortenwahl eine große Rolle spielt. Vorrangiges Zuchtziel der letzten Jahre war es, pilzresistente Sorten zu züchten. Es wurde hier exzellente Arbeit geleistet und eine Vielzahl von Rosen auf den Markt gebracht, die von einem oder gar mehreren Pilzen nicht mehr oder vermindert befallen werden.

Rußtau: Dieser Pilz siedelt sich auf Honigtau an, der von Blatt- und Schildläusen ausgeschieden wird, und bildet einen schmutzig schwarzen Belag.

Sternrußtau: Er hat seinen Namen durch die sternförmigen, dunklen Flecken, die ab Juli auf den Blättern erscheinen. Begünstigt wird der Pilz durch kühle Nächte nach Niederschlägen. Oft ist er auch am jungen Holz zu sehen. Die Folgen sind totaler Blattfall!

Sternrußtau

Echter Mehltau: Er überzieht Blätter, Triebe und Knospen mit einem grauweißen puderartigen Belag. Die Ursache ist meist einseitige Düngung sowie warme, trockene Luft. Nicht umsonst wird er auch Schönwetterpilz genannt.

Rosenrost: Bei Befall sitzen an der Blattunterseite stecknadelkopfgroße Pusteln, die einen orangeroten Staub (Pilzsporen) enthalten und sich ab August schwarz färben.

Gelbmosaik, Rosenmosaikvirus, Rosenwelkevirus: Es handelt sich um eine Viruskrankheit, wobei bei Gelbmosaik Blätter mit gelblichen Flecken auftreten, beim Rosenmosaikvirus Blätter mit gelbgrünen mosaikartigen Flecken. Der Rosenwelkevirus bewirkt eine Blattvergilbung. Übertragen wird das Virus durch saugende Insekten wie Zikaden, Blattläuse usw. Bei Befall müssen die kranken Teile entfernt werden.

Oben: Mehltau
Mitte: Marienkäfer
Unten: Florfliege

ROSENNÜTZLINGE

Abgesehen von den zahlreichen Schädlingen gibt es jedoch auch einige Nützlinge, was oft übersehen wird. Viele Schädlinge lassen sich naturnah durch Nützlinge bekämpfen, vorausgesetzt, dass sich eine Nützlingspopulation ungestört aufbauen kann.

Marienkäfer: Die Larven und auch die erwachsenen Tiere vertilgen Blattläuse.

Florfliegen, Schwebfliegen: Die Larven saugen Blattläuse aus.

Ohrwürmer: Erwachsene Tiere fressen Blattläuse, wobei ihnen als Zuhause mit Holzwolle gefüllte Rosenkugeln dienen können.

Blattlaus-Schlupfwespen: Sie legen ihre Eier in die Eier der Larven oder Puppen anderer Insekten ab.

Vögel: Meisen und Haussperlinge beispielsweise fressen Insekten und jagen insbesondere Raupen als Brutfutter.

Rosen und ihre Begleiter

Die beste Zeit, um sich Gedanken über den Rosengarten und die Zusammenstellung der Pflanzen zu machen, ist der Herbst. Dann sind nicht mehr so viele notwendige Arbeiten zu tun und man kann in Ruhe seine Ideen umsetzen. Außerdem ist für Laubgehölze, Rosen, Stauden und Kletterpflanzen jetzt noch die beste Pflanzzeit.
Für Flächenbepflanzung und Großrabatte eignen sich besonders Beet- und Polyantharosen, welche in letzter Zeit im öffentlichen Grün massiv verwendet werden. Edelrosen eignen sich besonders für Kleingruppen, während Strauch- und Kletterrosen am besten in Einzelstellung zur Geltung kommen.
Besonders bekannte und beliebte Begleitpflanzen sind Lavendel, blauer Rittersporn oder Buchs. Fast alle Blütenfarben der Rosen lassen sich nämlich sehr gut mit Blau oder zartem Lila kombinieren. Die kompakte Form und das satte Grün vom Buchs bilden außerdem sehr schöne Kontraste zu praktisch allen Rosen. Es empfiehlt sich aber, auch einmal Kombinationen auszuprobieren, die nicht so alltäglich sind.
Sehr gut eignet sich beispielsweise der Salbei, von dem es mehrere hundert Sorten gibt. Viele davon eignen sich als Pflanzpartner für Rosen.
Es ist darauf zu achten, dass die Begleitpflanzen nie dominanter als die Rose sind. Sie bilden lediglich Hintergründe, setzen Kontraste oder füllen Lücken und stellen dabei die Rose in den Mittelpunkt. Das gesamte Arrangement erweist sich somit wesentlich attraktiver als die Einzelpflanze.
Beim Zusammenspiel der Farben kann man entweder für Kontraste mit verschiedenen Blütenfarben sorgen oder aber die Pflanzen Ton in Ton setzen. Dabei spielen Komplementärfarben (Rot-Grün, Gelb-Blau) eine wichtige Rolle. Vor allem Blau- und Lilatöne unterstreichen praktisch alle Blütenfarben der Rose. Sehr geeignet sind auch Grün, Silber und Weiß, wobei Grün eher als Hintergrund geeignet ist und Weiß die Akzente setzt. Besonders edel wirkt die Farbe Silber. Flächen, die mit Pflanzen gleicher Blütenfarbe zusammengestellt werden, sind immer attraktiv, wobei beispielsweise zu rosa Rosen alle Blütenfarben von Blasslila bis kräftig Rot passen.
Man sollte auch darauf achten, dass verschiedene Blüten-, Blatt- oder Wuchsformen kombiniert werden. Viele Begleitpflanzen haben interessante, markante Wuchsformen und unterstreichen so die schlichte Schönheit der Rose. Weiters tragen nicht nur Stauden, sondern auch Gräser und niedrige Gehölze zur Formenvielfalt bei.
Es ist ideal, wenn die ausgewählten Pflanzen die gleichen Standortbedingungen haben, was aber natürlich nicht immer funktioniert. Lavendel z.B. bevorzugt eher trockene Bedingungen. Sofern die Pflanzen nicht vollkommen andere Licht-, Boden- und Wasserverhältnisse brauchen, ist der Experimentierfreudigkeit jedoch keine Grenze gesetzt!

Rosen-Lavendel-Beet

Die Pflege von Rosen

Eigentlich ist es nicht so schwer, Rosen gesund zu halten. Man wählt eine möglichst robuste Sorte, einen günstigen Standorte, pflanzt sorgfältig, düngt nach den Herstellerangaben und vergisst nicht auf den jährlichen Auslichtungs- und Verjüngungsschnitt. Das sind zwar die wichtigsten Punkte für das gute Gedeihen von Rosen, aber natürlich steckt noch viel mehr dahinter. Hier ein kleiner Führer durch das Gartenjahr mit Rosen:

ROSENPFLEGE IM WINTER

Rosen sind je nach Herkunft unterschiedlich empfindlich gegen Frost und Kälte. Dem Winterschutz kommt also große Bedeutung zu, doch mit den richtigen Maßnahmen kommen die Rosen gut durch die kalte Jahreszeit. Die größten Probleme im Winter sind nicht nur die Kälte, die zum Erfrieren ganzer Triebe führen kann, sondern auch die austrocknenden Winde. Wenn die Wintersonne die Triebe erwärmt, leitet die Rose oft bereits Pflanzensäfte in die Triebe. Dann kann es passieren, dass in einer Frostnacht die Leitgefäße platzen und die Triebe Schaden erleiden. In Gegenden mit mildem Klima muss man Rosen nur in sehr kalten Wintern vor Frost schützen. Dabei können büschelblütige und großblumige Sorten Frostperioden von einer Woche bei bis zu –10° bis –12° C problemlos überstehen.

Man sollte mit dem Winterschutz nicht zu früh beginnen, da sonst die Triebe noch nicht ausreichend abgehärtet sind. Ein guter Triebabschluss ist der beste Schutz gegen Frost! Gut ausgereifte Triebe und richtige Pflanzung sind sehr wichtig, daher sollte auch ab Juli nicht mehr gedüngt werden. Ist das Klima besonders rau, sollte man sich auch nach sehr frostharten Rosen erkundigen!

Besonders bei Kleinstrauchrosen ist eine tiefe Pflanzung sehr wichtig, denn dadurch erspart man sich das alljährliche Anhäufeln.

Eine sehr bewährte und einfache Methode des Winterschutzes ist das Anhäufeln. Dabei wird zu Beginn des Winters ein etwa 15 cm hoher Wall aus Erde, Kompost oder Laub um die Rose errichtet. So wird der Boden vor dem Austrocknen bewahrt und die Pflanze ist gegen Kälte und Frost geschützt. Dieses Material kann man im Frühjahr dann als Dünger wieder untergraben.

In Gebieten mit sehr kalten Wintern oder bei empfindlichen Rosensorten müssen die Pflanzen zusätzlich auch vor der Erwärmung durch die Wintersonne geschützt werden. Hier empfiehlt sich ein locker in die Rosenbüsche gelegter Schutz aus Reisig. Niemals Plastik oder Kunststofffolien verwenden, da sonst keine Luftzirkulation stattfinden kann und sich Pilzkrankheiten ausbreiten können. Man kann die Pflanzen auch mit Sackleinen umhüllen.

In sehr schneereichen Wintern sollten vor allem **Strauchrosen** ab und zu von zu großer Schneelast befreit werden. Hier muss man jedoch vor allem bei strengen Frösten sehr vorsichtig sein, um ein Abbrechen der Äste zu verhindern.

Stammrosen kann man durch das Herunterbiegen der Stämme gegen Frost schützen. Dabei wird die Krone mit Drahtbügeln am Boden gehalten und mit Erde bedeckt. Sind die Stämmchen der Rosen bereits zu stark oder die Fröste nicht allzu streng, reicht es auch, die Krone und den Stamm mit atmungsaktivem Vlies zu umhüllen, wobei auch spezielle Produkte für Rosen im Handel erhältlich sind.

Kletterrosen werden etwa 20 cm hoch angehäufelt.

Sind keine strengen Fröste mehr zu erwarten, werden die Materialien wieder entfernt und die Rosen abgehäufelt. Hier muss man besonders vorsichtig sein, um die neuen Triebe, Knospen und Veredelungsstellen nicht zu beschädigen!

Bodendecker- und Beetrosen werden nicht angehäufelt und auch nicht bedeckt. Viel wichtiger ist es, die Pflanzen bei längeren Sonnenphasen mit einhergehender Bodentrockenheit im Spätwinter zu wässern.

ROSENPFLEGE IM FRÜHLING

Für das Entfernen des Winterschutzes sucht man sich am besten einen trüben, wolkigen Tag aus, da die Rosenstöcke monatelang unter einer schützende Decke ver-

borgen waren. Ist das Wetter zu warm und sonnig, können die Rosen sehr empfindlich auf die plötzlich entstandene Wärme reagieren. Beim so genannten Abhäufeln sollte man unbedingt mit einer Gartenkralle den Boden gleichzeitig etwas auflockern.
Die nächsten wichtigen Tätigkeiten sind Düngung und Schnitt. Viele Rosenliebhaber nehmen als Orientierungshilfe die Blüte der Haselnuss-Sträucher. Wenn die Haselnuss blüht, bekommen die Rosen eine Düngergabe. Dazu verwendet man entweder organischen oder mineralischen Dünger. Gegen Ende Mai sollten die Rosen dann noch eine Düngergabe erhalten, wobei man jetzt einen Spezialdünger für Rosen verwendet.
Beim Schnitt (am besten zur Forsythienblüte) werden alle überflüssigen und toten Triebe abgeschnitten und gründlich entfernt, damit Krankheiten oder Schädlingsbefall nicht begünstigt werden. Am besten ist es überhaupt, das Schnittgut nicht auf den Komposthaufen, sondern überhaupt in den Müll zu werfen.

ROSENPFLEGE IM SOMMER

In der warmen Jahreszeit kann man sich nicht nur an der Blüte der Rosen erfreuen, es sind auch einige wichtige Arbeiten im Rosengarten zu erledigen. Rosen sind glücklicherweise nicht so anspruchsvoll, was das Gießen betrifft. Sie können auch einmal längere Zeit ohne Wasser auskommen. Sie besitzen tiefe Pfahlwurzeln, die auch in größerer Tiefe noch Wasser aufnehmen können. Trotzdem sollte der Boden gleichmäßig feucht gehalten werden. Damit das Wasser tief in den Boden einsickern kann, ist es besser, seltener, dafür aber ausgiebiger zu gießen. Achten Sie darauf, dass die Pflanze im Wurzelbereich gewässert und nicht von oben gegossen wird, da Feuchtigkeit auf den Blättern Pilzinfektionen fördert. Die Rosen sollten daher auch immer kontrolliert und auffällige Blätter (weißer, mehliger Belag oder braune bzw. schwarze Flecken) sofort entfernt werden. Auch Unkraut sollte immer wieder entfernt werden, da es mit der Rose um Wasser und Nährstoffe konkurriert.
Auch der Sommerschnitt (siehe Kapitel »Rosen schneiden«) ist eine der wichtigsten Arbeiten im Sommer. Einmal blühende Rosen setzen nach der Blüte hübsche Hagebutten an, daher muss das Verblühte nicht entfernt werden. Bei öfter blühenden Rosen sollte man das Verblühte allerdings regelmäßig entfernen.
Nach der ersten Blüte werden die Rosen noch einmal gedüngt, am besten mit Kompost oder organischem Dünger. Bitte darauf achten, dass nicht zu viel gedüngt wird. Die letzte Düngung sollte Ende Juli erfolgen. Werden die Rosen zu spät gedüngt, können die Triebe bis zum Frost nicht mehr ausreifen und erfrieren möglicherweise.
Auch im Sommer muss der Boden regelmäßig aufgelockert werden, damit er gut durchlüftet wird und sich die Erde nicht verdichten kann. Oft bewährt hat sich das Anlegen einer Mulchschicht, welche ein rasches Austrocknen des Bodens verhindert und auch die Feuchtigkeit länger im Boden hält. Auch wird das Keimen von Unkraut unterdrückt und die Bodenstruktur durch Verrottung verbessert. Geeignet zum Mulchen sind verrotteter Mist, Rindenmulch und Hackschnitzel. Achtung: Feucht geschnittenes Gras zieht Schnecken an, Stroh ist von der Roten Spinne besiedelt!

ROSENPFLEGE IM HERBST

Der Herbst ist vor allem die ideale Pflanzzeit für Rosen. Es ist auch die Zeit, in der viele Rosensorten wurzelnackt angeboten werden. Wurzelnackte Rosen sind um einiges günstiger als Containerrosen, haben allerdings auch die meisten Ausfälle. Nach der Pflanzung (siehe Kapitel »Die Pflanzung von Rosen«) wird reichlich gegossen. Achtung: Im Herbst gepflanzte Rosen dürfen auf keinen Fall gedüngt werden!
Schließlich werden dann im Herbst noch alles Verblühte und alle abgefallenen Blätter regelmäßig von den Beeten entfernt. Damit gibt man eventuellen Krankheitserregern keine Chance, sich zu verbreiten.
Mit der bereits erwähnten Anhäufelung mit Gartenerde oder Kompost schließt sich dann der Jahreskreis der Rosenpflege.
Viele Rosensorten sind zwar winterhart, doch sind vor allem Teerosen, einige Edelrosen und ältere englische Rosen in unseren Regionen leider sehr empfindlich. Es kann daher trotz größter Bemühungen vorkommen, dass es einige Ausfälle gibt. Aber auch das gehört zum Leben eines Rosenliebhabers dazu!

Rosengarten

Der Mensch und die Rose

KURZER ABRISS EINER LEIDENSCHAFTLICHEN BEZIEHUNG VON CHRISTIAN PRINZ

Die Rosen sind alt, wie alt mag die Liebe der Menschen zu den Rosen sein? Die Geschichte der Rose – ihres Siegeszuges um den Erdball ist lang und spannend. Sagen, Legenden und Märchen webten eine dichte Dornröschenhecke um die Königin der Blumen. Dichter und Denker widmeten ihr Verse und Prosa zu allen Zeiten und ohne Zahl. Komponisten umspielten sie mit Klängen und Tönen. Maler und Bildhauer schufen mit der Rose als Motiv unsterbliche Kunstwerke.
Die Kirche enthob sie der profanen Erdverbundenheit und weihte sie der Mutter Gottes. Medizin, Cuisine und Kosmetik schätzten die Rosenessenzen. Vor allem aber ist die Rose seit Jahrtausenden das Symbol der Liebe und Verehrung.

DIE ROSE IN DER BIBEL

Die Angaben über Rosen sind in der Bibel nicht nur dürftig, sondern durch unrichtige Übersetzungen oder Auslegungen auch noch zweifelhaft. Nur siebenmal werden die Rosen in der Bibel genannt, z. B. zweimal in den kanonischen Büchern – im Hohelied Salomos und Jesaja: »Ich bin die Blume zu Saron, und eine Rose im Tal. Wie eine Rose unter den Dornen, so ist meine Freundin unter den Töchtern. Mein Freund ist mein, und ich bin sein, der unter den Rosen weidet.«

Der Rosenkranz: Er soll der Legende nach durch den heiligen Dominikus eingeführt worden sein und ist seit dem 11. Jh. bekannt. Die ersten Rosenkränze sind angeblich aus Rosen angefertigt worden.
1521 ließ Papst Hadrian VI. an den Beichtstühlen geschnitzte oder in Stein gehauene Rosen anbringen – sie sollten wie schon im Altertum ein Symbol der Verschwiegenheit und Unverletzlichkeit des Beichtgeheimnisses sein.

GESCHICHTE DER ROSA GALLICA

Sie war wichtigster Lieferant für Rosenöl – warmes Rot wird auch Essigrose genannt. *R. gallica* war bereits 1200 v. Chr. den Persern bekannt – berühmtes Fresko (in Knossos) auf Kreta. Von dort wurde sie von den Mauren nach Spanien gebracht

und mit den Kreuzzügen weiter nach Frankreich und später nach England, wo sie zum Symbol des Königshauses wurde. Sie schmückte die Wappen von Herrschaftshäusern und gab so im 15. Jh. selbst Kriegen ihren Namen.
Auf einer Synode in Nimes (um 1284) wurde den Juden befohlen, eine Rose an der Brust zu tragen, damit sie von den Christen zu unterscheiden wären »und nicht die gleiche Beachtung erführen«. Daraus kann man annehmen, dass Rosen ziemlich verbreitet waren – was in rosenlosen Zeiten getragen wurde, bleibt allerdings im Dunkeln.

Kiftsgate

PARFUM – DEO
Parfum bedeutete ursprünglich »für Rauch«. Das bestätigt die »Definition des Mattioli« – 16. Jh.: »Alles, was zu Heilzwecken oder zum Vergnügen verbrannt oder gekocht wird, damit der entstehende Rauch eingeatmet werden kann.« Man braucht voll erblühte duftende Rosen (4 Gewichtsteile), indische Narde (1 Teil) und Myrrhe (1/2 Teil). Alles wird fein gehackt und zu kleinen, je drei Münzen schweren Bällchen gepresst und an einem schattigen Ort zum Trocknen ausgelegt. Dann gibt man die Bällchen bis zum Gebrauch in ein Tongefäß und verschließt dieses.
Eine Variante besteht im Zusatz von Costuswurzeln (1/4 Teil), illyrischer Iris (1/4 Teil) und etwas Wein und Olivenöl.
Diese Bällchen oder auch Perlen genannt durchstach man und fügte sie zu Ketten zusammen. Die Frauen trugen diese, um den Schweißgeruch zu übertönen.

ROSENÖL
Zuerst ließ man Zitronellgras (*Cymbopogon citratus*) in Oliven- und Mandelöl sieden. Dann wurde die Flüssigkeit filtriert und abgekühlt. In sie tauchte man die Blütenblätter stark duftender Rosen ein. Diese Mischung rührte man mehrmals pro Tag und ließ das Ganze eine Nacht lang ruhen. Schließlich filtrierte man nochmals und goss das Öl in ein Gefäß, dessen Innenwände mit Honig bestrichen waren.
Verwendung: Kosmetik, Massage und zum Einbalsamieren der Toten. Riesige Mengen an Blütenblättern waren dazu notwendig – Rosen dieser Zeit blühten nur einmal im Jahr.
Die heutigen Essenzen stammen fast ausschließlich aus Bulgarien. Die Region Kazanlik besitzt ein günstiges Klima in einer Seehöhe von 400–700 m über dem Meeresspiegel, ideale Luftfeuchtigkeit, ausreichende Niederschläge und ständig leichte Bewölkung mit einer leichten Brise: Dazu kommt noch der fruchtbare Boden, wobei alles zusammen die Grundlagen des jahrhundertealten Erfolges ausmacht.

Die **Rosa damascena triginitpetala,** die heute untrennbar mit diesem Gebiet von 12.000 Hektar verbunden ist, hat einen Nachteil sowie die meisten schönen Dinge des Lebens: Sie vergehen allzu schnell!
Die Blütezeit dieser *Rosa damascena* dauert nur ca. 3 Wochen, und wenn man dazu bedenkt, dass ungefähr 3–4 Millionen Blüten (= 500 kg Blüten) notwendig sind, um 1 kg der Essenz zu gewinnen.
Der Botaniker Kaempfer erachtete in seinem *Amoenitatum exoticarum* (1712), dass dieses ätherische Öl kostbarer als Gold sei, sein Preis müsste heute fast unbezahlbar sein!
Die allermeisten der heutigen Parfums enthalten Rosenessenz in größeren oder kleineren Mengen, die hohen Ansätze haben zu Verfälschungen mit Essenzen von *Pelargonium roseum* und einem indischen Gras (*Cymbopogon citratus*) geführt.
Weiterzüchtungen mit mehrmals blühenden und duftenden Rosensträuchern (Rose à parfum de l' Hay) sind an der Unberechenbarkeit der Natur gescheitert, indem die Ausbeute der Essenz noch geringer ausfiel. Andere Produktionsländer sind: ehem. Sowjetunion, Frankreich, Marokko und Ägypten.
Die antike Methode zur Gewinnung von Rosenwasser durch Destillation unterscheidet sich nicht wesentlich von neueren Verfahren.
Der Destillierkolben wird zuerst mit frischen Blütenblättern und anschließend mit Wasser gefüllt. Zuerst wird eine etwa vier Stunden dauernde erste Destillation durchgeführt, während der fast die Hälfte des Wassers verdunstet. Das übrig gebliebene Wasser wird nochmals destilliert, nachdem der Kolben mit frischen Blättern gefüllt wurde.
Rosenwasser duftet nicht so stark wie man vielleicht erwartet, da nur einer der chemischen Bestandteile des Duftes der Rose in Wasser löslich ist und damit als einziger im Rosenwasser vorkommt.
Jedes Rosenblütenblatt, auch wenn es nicht duftet, enthält verschiedene essentielle Öle, die durch unterschiedliche Zusammensetzung, verschiedenen Duft und unterschiedliche Verflüchtigungsgeschwindigkeit gekennzeichnet sind. Insgesamt sind es 12 verschiedene (Haupt-)Bestandteile, die den so genannten charakteristischen Duft einer Rose ausmachen. Die vier wichtigsten davon sind: Phenylaethylalkohol, Rhodinol, Geraniol und Nerol.

DIE ROSE IN DER LYRIK

Wenige Bruchstücke der ersten der Rose gewidmeten Dichtung sind uns von der Dichterin Sappho überliefert, die im 7. Jh. v. Chr. auf Lesbos (im heutigen Mytilene) lebte. Ihr ist der Titel »Rose – Königin der Blumen« zu verdanken. Hier die wörtliche Übersetzung:
»Wenn Zeus den Blumen eine Königin geben wollte, müsste die Rose eine Krone tragen.« Ein Ausspruch, der auch nach 27 Jahrhunderten nichts an symbolischer Bedeutung eingebüßt hat.
Ausspruch von Anakreon (560–478 v. Chr.): »Die Rose, Duft für die Götter, Zauber für die Sterblichen, kostbarer Schmuck für die Grazien in der blühenden Zeit der Liebe.«
Oder: »Gerne halte ich diese zauberhafte Blume in der Hand, die auch verwelkt den Duft ihrer Jugend nicht verliert.«
Bereits im 5. Jh. v. Chr. lebte der Grieche Herodot von Halikarnassos, der uns einen ersten Hinweis auf gefüllte Blüten gibt: »... in Phrygien lagerten sie in der Nähe des so genannten Gartens des Midas, des Sohnes des Gordius, wo die Rosensträucher wild wachsen, und die Blumen mit 60 Blütenblättern haben, deren Duft jeder anderer Rose übertrifft.«
Für den Alt-Perser war die Rose »das Licht der Pflanzen« und »das Auge der Blumenwelt«.
Damals scheint ganz Persien ein großer Rosengarten gewesen zu sein. Die Rose und die Nachtigall waren Hauptmotive persischer Lyrik. Die Nachtigall sang zur Rose ihr Liebeslied und stürzte sich, weil verschmäht, in die Dornen eines Rosenbusches.
Bei Oscar Wilde klingt im Märchen »Die Nachtigall und die Rose« das Motiv nach und bei Theodor Storm »hat die Nachtigall die ganze Nacht gesungen: Da sind von ihrem süßen Schall die Rosen aufgesprungen.«

Rosengarten

Glück und Schmerz, Leben und Tod sind im Bild der Rose gleichnishaft gepaart. Keine zweite Blume verkörpert diese seelische Spannung stärker. Im Serail wurden einst die Neugeborenen in Rosenblätter gewickelt. In Mexiko wurden die verstorbenen Kleinen auf Rosen gebettet und in offenen Särgen umhergetragen, damit sie jeder noch einmal sehen konnte. Geburt und Tod sind nah beieinander, sie widersprechen zwar einander, gehören aber doch zusammen. So meinte Rainer Maria Rilke mit seinem Wort: »Rose o reiner Widerspruch« …
Goethe wiederum erzählt die traurige Geschichte vom Heideröslein. Und auch Antoine de Saint-Exupéry erwähnt in seinem berühmten Buch *Der kleine Prinz* die Rose.
Eine Grabinschrift zieht einen interessanten Vergleich: »Sic florui (so habe ich geblüht)« zwischen den von Algardi geschaffenen Marmorrosen des Grabmals von Papst Leo XI. in der Peterskirche. Da seine Papstwürde nur 24 Tage gedauert hatte, ermahnt die Inschrift zur Überlegung: »So kurz wie die Rosen blühen, so kurz habe ich als Papst gelebt.«

DIE ROSEN IN DER MALEREI

Die Rose wurde vom sich stetig ausbreitenden Christentum wegen der Bedeutung, die ihr im Altertum zugekommen war, nur zögernd übernommen: in Abbildungen von einer *Rosa canina* oder *Rosa gallica* auf den Fresken der römischen Katakomben.
In Florenz bildete Taddeo Gaddi auf einer seiner Fresken einen Rosenstock ab (14. Jh.). Er war es auch, der die ersten Schnittrosen in einer Vase malte (Florenz – Uffizien).
Stefano da Verona (auch Stefano da Zevio genannt/Ende 14. Jh.) hat uns mit seiner Madonna im Rosengarten ein Meisterwerk hinterlassen, das teils aus eindrücklicher Goldschmiedekunst, teils aus minuziös eingelegten Mosaiken besteht, die einen Teppich von Hunderten Rosen bilden.
Weitere Maler, die Rosen verewigten, sind Botticelli (1445–1510), »Geburt der Venus«, »Frühling« oder Jacopo del Sellaio »Venus und Cupido«.
Von Pierre Joseph Redoute (Raffael der Blumen) sei hier das kostbare Werk »Les Roses« erwähnt, das zwischen 1817 und 1824 entstand und 170 verschiedene Rosensorten dieser Zeit zeigt.

DIE ROSE ALS HEILMITTEL

Schon der Grieche Hippokrates und sein römischer Schüler Celsus verschrieben Rosenöl (Oleum Rhodium) und den Saft der Rosenblätter – mit oder ohne Zusätze

Die Blütenblätter fanden in der Medizin, Kosmetik und Küche Verwendung.

für die Behandlung zahlreicher Krankheiten. Rosenöl sollte gegen Magenbrennen, Darmleiden, Geschwüre, Ohren- und Zahnschmerzen helfen sowie zur Massage dienen.
Der Saft der Blütenblätter wurde gegen Geschwüre im Mund sowie Entzündungen des Zahnfleisches und der Mandeln verschrieben. Als Umschlag wurde er gegen Kopf-, Ohren und Halsschmerzen sowie Entzündungen im Unterleib verwendet. Als Aufguss getrunken, betrachtete man ihn als fiebersenkend und mit Essig verdünnt als Mittel gegen Schlaflosigkeit und Übelkeit. Rosensirup wurde gegen Gallenleiden eingesetzt.
Fast jeder Autor, der über den Gebrauch der Rose in der Heilkunde und Kosmetik berichtete, hat ein Rezept für Rosensaft hinterlassen.

Rosensaft: Man nimmt **frische, wohlriechende Rosenblätter** und schneidet sie an der Ansatzstelle ab. Diese Blüten werden dann zerhackt und im Mörser zerstoßen, bis eine homogene Masse entsteht. Dann wird der Saft sorgfältig und geduldig ausgepresst, indem man sich eines feinen Tüchleins bedient, und anschließend in ein Kupfergefäß leert. Dann kocht man ihn ein, bis er die Dicke von Honig hat. Besonders wirksam ist seine Verwendung bei Augenleiden aller Art. Die Staubblätter werden als harntreibend beschrieben, wenn sie zuvor im Schatten getrocknet wurden, weniger als ein Jahr alt sind und eine schöne gelbe Farbe haben.

Getrocknete Blütenblätter – zerstampft zu Pulver – dienten dazu, den Schweiß zu absorbieren und wurden nach dem Bad auf dem ganzen Körper aufgetragen. Schließlich wurden die Samenkörner von *Rosa canina* bei Schlangenbissen eingenommen und die gekauten Blütenblätter auf den Stich eines Skorpions gelegt, um das Austreten von Gift zu bewirken!

KOCHREZEPTE VON GESTERN UND HEUTE

Rosenfladen: Im antiken Rom entfernte man die Ansatzstelle der Rosenblätter, weil man sie als bitter erachtete. Dann zerstieß man die Blätter im Mörser, nachdem man sie mit einer Sauce von Gewürzen und in Essig mariniertem Fisch beträufelt hatte. Danach fügte man noch etwas Fischsauce dazu und filterte das Ganze in eine Pfanne ab. Hinzu kamen vier Stücke Hirn und acht Skrupel (ca.10 Gramm) Pfeffer, und alles wurde gut zerkleinert und gemischt. Dann schlug man acht Eier darüber und gab einen Löffel Tischwein, einen Löffel Dessertwein und etwas Olivenöl dazu. Das Gefäß wurde vorher gut eingeölt, das Gemisch hineingegeben und in der Kohlenglut fertig gekocht. Vor dem Auftragen wurden die Fladen mit Pfeffer bestreut. Ein ähnliches Rezept findet sich im Buch »Das Mahl der Sophisten« vom griechischen Redner Athenaeua (3. Jh. n. Chr.).

Kandierte Blütenblätter (17. Jh.): Die Blütenblätter werden einzeln in geschlagenes Eiweiß getaucht, oder man bestreicht beide Seiten mit einem sehr sauberen Pinsel mit Eiweiß. Dann legt man sie auf einen Teller, der vorher mit feinstem Puderzucker bestreut wurde. Auch die andere Seite muss mit Zucker bestäubt werden. Schließlich lässt man die Blätter an einem luftigen Ort trocknen. Man kann sie zum Schmücken von Torten und Puddings oder zur Verzierung des Randes von Servierplatten verwenden. Geschätzt werden sie wegen ihres guten Geschmacks.
Es finden sich zahlreiche weitere köstliche Rosenrezepte durch die Jahrhunderte (Hagebuttensirup, Konfitüre von Hagebutten wilder Rosen, Rosenmarmelade, Rosentorte, Rosenwein oder Rosenhonig).
Sie würden den Rahmen dieses Buches bei weitem sprengen und locker ausreichen, um ein eigenes »Rosenkochbuch« herauszugeben. Aber das ist wieder eine andere Geschichte ...

Die einzelnen Klassen im Kurzportrait

EDELROSEN (TEEHYBRIDEN)
Allgemeines: Edelrosen oder Teehybriden sind Rosen mit besonders edel geformten Blüten und langen Stielen. Sie bringen meist nur eine Blüte am Stiel hervor. Die erste Teehybride entstand im Jahre 1867, als man die silbrig-rosa »La France« mit den aus dem Vorderen Orient stammenden Teerosen kreuzte. Die Knospen der Edelrosen sind groß und von sehr schöner Form. Edelrosen sind sehr beliebte Schnittblumen. Die besten Sorten zeichnen sich durch einen ausgezeichneten Duft und gute Haltbarkeit aus.
Pflege und Standorte: Edelrosen brauchen einen warmen, sonnigen, eventuell auch halbschattigen Platz. Der Boden sollte ausreichend wasserhaltig sein, dabei gut luftdurchlässig und nährstoffreich. Steht die Pflanze zu heiß, kann es zu Verbrennungen der Blätter und zum Befall durch Rote Spinne und Mehltau kommen. Ein zu schattiger Standort wiederum erhöht die Gefahr des Befalls von Sternrußtau. Kranke oder beschädigte Triebe müssen regelmäßig entfernt und verblühte Blumen sobald als möglich auf den zweiten Blattstiel – von oben gezählt – zurückgeschnitten werden.
Besonderes: Edelrosen lassen sich sehr gut in kleinen Gruppen kombinieren oder auch einzeln stellen und mit passenden Begleitstauden arrangieren.

BEETROSEN (POLYANTHA- UND FLORIBUNDAROSEN)
Allgemeines: Polyantha- und Floribundarosen bilden durch die reichen Verzweigungen oft von Juni bis Oktober ein wunderschönes Blütenmeer. Es handelt sich um öfter blühende Rosen mit kompaktem Wuchs. Die gut verzweigten Triebe tragen Blütenbüschel mit zahlreichen Einzelblüten in den Farben Rot, Rosa, Weiß und Gelb. Keine andere Rosengruppe hat einen derartigen Reichtum an Blütenformen.
Pflege und Standorte: Beetrosen eignen sich vor allem für die Bepflanzung von Beeten, Rabatten und öffentlichen Gartenanlagen. Die meisten Sorten erreichen eine Wuchshöhe von 50–80 cm. Der ideale Pflanzabstand liegt bei ca. 30–40 cm, wobei man Beetrosen am besten in Gruppen ab drei Stück pflanzt. Pro m^2 sind das 6–10 Pflanzen. Frühjahrsschnitt: Ältere Triebe werden so tief wie möglich entfernt, nur drei bis vier grüne Triebe sollten stehen bleiben. Diese vier Triebe werden dann auf eine Länge von 20–40 cm gekürzt. Winterschutz: Die Rose wird vor dem Winter 15–20 cm dick mit lockerer Erde oder Laub angehäufelt. Auch eine zusätzliche Abdeckung mit Reisig ist empfehlenswert!
Besonderes: Viele Beetrosen harmonieren sehr gut mit Stauden und eignen sich auch hervorragend als Schnittrosen.

STRAUCHROSEN

Allgemeines: Der Begriff »Strauchrose« ist etwas irreführend, da praktisch alle Rosen im botanischen Sinne Sträucher bilden. Zu den Strauchrosen werden aber vor allem Rosen gezählt, die einen ansprechenden, strauchförmigen Wuchs erreichen. Bei einer Größe zwischen 1–3 m eignen sich Strauchrosen daher auch für die Einzelstellung in Gärten und Parks. Man unterscheidet zwischen einmal blühenden und öfter blühenden Strauchrosen. Letztere blühen nach der Hauptblüte im Frühsommer nach einer Pause meist im Spätsommer oder Herbst noch ein zweites Mal.

Standort und Pflege: Wie alle Rosen brauchen auch Strauchrosen einen vollsonnigen Standort mit guter Luftzirkulation, da sie sonst anfällig für Krankheiten und Schädlinge werden. Die Erde sollte stets leicht feucht, aber niemals nass sein. Die Pflanze sollte im Frühling beschnitten werden, wobei alle erfrorenen und abgestorbenen Zweige zu entfernen sind. Da Strauchrosen frostresistent und unempfindlich sind, können sie als Kübelpflanzen auf dem Balkon oder der Terrasse überwintern. Im Freien werden sie mit Reisig bedeckt.

Besonderes: An Schädlingen treten vor allem Blattläuse, Sternrußtau, echter Mehltau und Rost auf. Damit sich die Krankheiten nicht ausbreiten, werden die befallenen Blätter und Zweige abgeschnitten.

KLETTERROSEN (SCHLINGROSEN)

Allgemeines: Kletterrosen stammen von verschiedenen Rosenarten ab. Sie werden 2–5 m hoch und sind je nach Sorte und Art einmal oder mehrmals blühend. Besonders gut zur Geltung kommen Kletterrosen an einem Spalier, einer Pergola oder an einem Rosenbogen. Die Triebe können bis zu 6 m oder sogar noch länger werden. Da sie keine Haftorgane besitzen, sind sie auf Kletterhilfen angewiesen.

Pflege und Standorte: Kletterrosen brauchen einen nährstoffreichen, durchlässigen Boden und einen vollsonnigen Standort mit guter Luftzirkulation. Nach dem dritten Standjahr ist nur noch bei extremer Trockenheit ein Wässern notwendig, dafür sollte im Mai oder Juni gedüngt werden. Ab August dürfen keine Düngergaben mehr erfolgen, damit die Triebe vor dem Winter ausreifen können. Der Schnitt beschränkt sich auf das Entfernen alter, vertrockneter Triebe oder auf ein Auslichten, wenn der Stock zu breit wird. Normalerweise brauchen Kletterrosen keinen besonderen Winterschutz. Es ist jedoch empfehlenswert, vor dem Winter den Stamm gut anzuhäufeln und eventuell mit Reisig abzudecken.

Besonderes: Regelmäßig hochgebunden und gepflegt erfreuen Kletterrosen mit Blüten bis in den Herbst. Sie eignen sich auch zur Begrünung von lichten Bäumen.

BODENDECKER (KLEINSTRAUCHROSEN)

Allgemeines: Der Name Bodendecker stammt daher, da Kleinstrauchrosen eine geschlossene Pflanzendecke bilden, wenn sie eng genug zusammen gepflanzt werden. Sie gehören deshalb zu den Pflanzenarten, die häufig für öffentliche Grünflächen verwendet werden. Als Bodendeckerrosen eignen sich dabei besonders die Sorten, die mindestens 40 cm hoch wachsen. Es fällt dann nur noch eine so geringe Lichtmenge auf die Erde, dass das Unkrautwachstum fast vollständig unterbunden wird. Für eine entsprechende Verwendung ist es wichtig, die unterschiedlichen Wuchsformen und Wuchsstärken der Pflanzen zu kennen. Einige niedrig wachsende Rosen breiten sich rasch aus und bilden einen dichten Blütenteppich, andere Sorten sind für echte Bodendecker zu hoch.

Pflege und Standorte: Auch Bodendecker brauchen einen nährstoffreichen, durchlässigen Boden und einen Standort in voller Sonne. Der Boden sollte vor dem Pflanzen frei von ausdauernden Unkräutern sein. Bis zum Schließen der Bodendecke durch Triebe und Blätter muss regelmäßig gejätet werden. Schräg aufwärts wachsende Triebe sollten nicht abgeschnitten werden, da diese erst langsam ein flächiges Polster bilden.

Besonderes: Bodendecker sind sehr robust und winterhart.

Führer zur richtigen Handhabung des Buches

Sehr bekannte und geschützte Rosen sind in diesem Ratgeber mit einem ® gekennzeichnet. Aus Gründen der besseren Lesbarkeit wird jedoch im Textteil das ®-Zeichen nicht mehr angeführt. Achtung: Auch die Abwesenheit des Zeichens ist keine Garantie dafür, dass die Sorte frei verwendet werden kann!
In diesem Naturführer wird auf längere Beschreibungen der einzelnen Rosensorten verzichtet. Die Rosen sollen mit ihrer Farben- und Formenpracht für sich selbst sprechen!

VISITENKARTE
Die **Farbe** der Visitenkarte zeigt an, um welche Rosenklasse es sich handelt.

Edelrosen

Beetrosen

Strauchrosen

Kletterrosen

Bodendecker

Züchter: Die Züchtung einer neuer Rosensorte bedeutet eine außergewöhnliche Leistung, die in diesem Naturführer selbstverständlich durch die Nennung des Namens gewürdigt wird!
Klassifizierung: Die einzelnen Rosensorten werden jeweils alphabetisch gelistet, die Gruppenzugehörigkeit (Edelrose, Beetrose, Strauchrose, Kletterrose, Bodendeckerrose) jeweils einzeln angeführt.
Blütezeit: Sie gibt lediglich einen ungefähren Wert an, der je nach Bodenbeschaffenheit und Klimabedingungen variieren kann.
Wuchshöhe: In diesem Naturführer wird die ungefähre und zu erwartende Wuchshöhe angegeben. Sie stellt aber nur einen ungefähren Mittelwert dar, der je nach den vor Ort gegebenen Bedingungen variieren kann!
Einführungsjahr: Gibt das Jahr an, in dem die Sorte auf den Markt gekommen ist und somit der Allgemeinheit »zur Verfügung« steht.
Die Rosenzucht ist ständig in Bewegung und praktisch jeden Tag Veränderungen unterworfen. Dieser Naturführer gibt den Stand des Jahres 2007 und damit eine Momentaufnahme an, wird aber natürlich bei Neuauflagen ständig aktualisiert!

Rosen von A bis Z

Aachener Dom®

Visitenkarte

Züchter
Meilland
Klassifizierung
Edelrose
Blütezeit
Juni–September
Wuchshöhe
60–80 cm
Einführungsjahr
1982

Aachener Dom hat eine kräftig lachsrosa Farbe und blüht von Juni bis September. Die Blüten sind gut gefüllt mit einer Blüte pro Stiel und 35–40 Blütenblätter. Der Duft ist wohlriechend, der Wuchs buschig und aufrecht. Die Sorte wurde 1982 eingeführt, ist hitzeverträglich, für jedes Klima, als Schnittrose, für Beete, Gruppen- und Flächenbepflanzung geeignet. Die Sorte ist öfter blühend, wobei die Blütenblätter einen interessanten Farbverlauf zeigen: Sie werden zur Mitte hin immer heller.

Abraham Darby®

Visitenkarte

Züchter
Austin
Klassifizierung
Strauchrose
Blütezeit
Juni–September
Wuchshöhe
150–200 cm
Einführungsjahr
1985

Diese reich blühende und stark duftende Sorte besitzt gelborange bis aprikotfarbige Blüten, welch dicht gefüllt sind. Sie blüht von Juni bis September und ist öfter blühend. Sie wächst aufrecht buschig, sehr schnell und wird bis zu 2 m hoch. Besonders geeignet für große Gärten und Parks, aber auch für Einzelstellung. Diese romantisch anmutende Sorte eignet sich sowohl als Schnittblume, als Kübelpflanze, aber wegen ihrer langen Triebe auch als Kletterrose.

Acapella®

Diese klassische, im Jahr 1994 eingeführte Edelrose aus dem berühmten Haus Rosen Tantau besticht neben ihrer interessanten Blütenfärbung (innen kirschrot-, außen silberfarben) vor allem durch ihren sehr starken, fruchtigen Duft. Die großen, stark gefüllten Blüten erscheinen auf langen, eleganten Stielen. Die Knospen sind spiralig geformt und besitzen elegant geformte große Blüten. Die Sorte ist sehr robust und winterhart und eignet sich vor allem für Beete, kleine Gruppen und wegen der langen, eleganten Stiele auch sehr gut für den Vasenschnitt. Der Wuchs ist aufrecht, dicht und kräftig, das Laub dunkelgrün, ledrig, glänzend und besitzt eine gute Blattgesundheit. Diese von Juni bis September öfter blühende und robuste Sorte wurde nach einem bekannten Begriff aus der Musik benannt.

Visitenkarte

Züchter
Tantau

Klassifizierung
Edelrose

Blütezeit
Juni–September

Wuchshöhe
80–110 cm

Einführungsjahr
1994

Acropolis®

Diese bis zu 60 cm hoch wachsende Beetrose trägt nicht nur einen markanten Namen, sie fällt auch durch ihre ungewöhnliche Farbe, nämlich einem verwaschenen Rosa auf, das beim Verblühen ins Bräunliche übergeht. Es handelt sich um eine nahezu einzigartige Farbe in der Welt der Rosen. Die Sorte besitzt kleine, in Büscheln stehende, gefüllte Blüten. Der Wuchs ist kompakt, buschig und aufrecht. Sie verströmt keinen Duft und blüht von Juni bis zum ersten Frost. Das Laub ist mittelgrün und von recht guter Gesundheit. Diese im Jahr 2001 eingeführte Sorte eignet sich gut für Beete und Rabatten, aber auch für den Vasenschnitt.

Visitenkarte

Züchter
Meilland

Klassifizierung
Beetrose

Blütezeit
Juni–September

Wuchshöhe
40–60 cm

Einführungsjahr
2001

Alcantara®

Visitenkarte

Züchter
Noack

Klassifizierung
Bodendecker

Blütezeit
Juni–September

Wuchshöhe
60 cm

Einführungsjahr
1999

Diese bis zu 60 cm hoch wachsende Bodendeckerrose wächst niedrig buschig und besitzt einfache dunkelrote Blüten mit einem sehr starken zweiten Flor. Die hitzeverträgliche Sorte hat dunkelgrünes, glänzendes Laub mit einer sehr guten Blattgesundheit. Besonders attraktiv ist der Kontrast der strahlend gelben Staubgefäße zum samtigen Blütenblatt. Die Blüten sind farbbeständig und zeichnen sich durch laufende Neutriebbildung aus. Die öfter blühende Sorte wurde im Jahr 1999 eingeführt.

Alfred Sisley®

Diese nach dem berühmten englischen Maler des Impressionismus Alfred Sisley, der gut mit Renoir, Pissarro und Monet bekannt war, benannte Rose vereint Orangetöne und Rosa auf gelbem Untergrund. Die Sorte ist reich blühend, verströmt einen leichten Duft und ist sehr resistent gegenüber Krankheiten. Sie wurde u. a. im Jahr 2004 mit der Goldmedaille in Le Roux ausgezeichnet.

Visitenkarte

Züchter
Delbard

Klassifizierung
Beetrose

Blütezeit
Juni–September

Wuchshöhe
80 cm

Einführungsjahr
2004

Alléluia®

Visitenkarte

Züchter
Delbard

Klassifizierung
Strauchrose

Blütezeit
Juni–September

Wuchshöhe
70–90 cm

Einführungsjahr
1980

Diese bereits seit längerer Zeit etablierte Rose zeichnet sich durch eine sehr originelle Farbkombination aus: Aus einer sehr langen Knospe entwickelt sich eine elegante, große Blüte in Purpur und Silber. Die Sorte ist sehr blühwillig und besitzt ein glänzendes, gesundes Blattwerk. Die bis zu 90 cm hoch wachsende Rose aus der berühmten französischen Baumschule Delbard wurde bereits mehrfach ausgezeichnet.

Aloha®

Diese Sorte bringt mit ihren nostalgischen Blüten und den attraktiven Farbtönen ein exotisches Flair in den Garten. Aus den rotorangefarbenen Knospen entspringen aprikosenfarbene Blütenbälle, wobei die zahlreichen Blütenblätter rosa und rot getönt sowie »dachziegelartig« angeordnet sind. Die Sorte ist starkwüchsig, reich blühend und besitzt eine sehr gute Blattgesundheit. Der Duft ist angenehm fruchtig. Bereits in kurzer Zeit überzieht diese vitale Sorte Rosenbögen und Spaliere mit ihren Blüten.

Visitenkarte

Züchter
W. Kordes' Söhne

Klassifizierung
Kletterrose

Blütezeit
Juni–September

Wuchshöhe
250 cm

Einführungsjahr
2003

Amadeus®

Visitenkarte

Züchter
W. Kordes' Söhne

Klassifizierung
Kletterrose

Blütezeit
Juni–September

Wuchshöhe
200 cm

Einführungsjahr
2003

Ein edler Name für eine Rose mit einer ausgesprochen edlen Farbe! Die großen, gefüllten Blüten erscheinen in einer weithin leuchtenden, blutroten Farbe. Diese harmoniert sehr gut mit dem dunkelgrünen, stark glänzenden Laub. Zusätzlich sind die Blüten an den Triebenden doldenartig geballt angeordnet. Amadeus besitzt aber auch eine ausgezeichnete Blattgesundheit und einen üppigen Wuchs. Die Sorte wurde mittlerweile bereits mit mehreren Goldmedaillen ausgezeichnet!

Amaretto®

Es handelt sich um eine noch sehr junge Sorte, die sehr starkwüchsig und überaus reich blühend ist. Aus den cremefarbenen Knospen mit rotem Rand entwickeln sich gut gefüllte cremefarbene bis hellrosa Blüten. Der Duft ist angenehm fruchtig (nach grünem Apfel), die Blattgesundheit sehr gut. Ab und zu treten schwarze Flecken an den Trieben auf. Dies ist jedoch keine Krankheit und beeinflusst die Schönheit der Blüten nicht!

Visitenkarte

Züchter
W. Kordes' Söhne

Klassifizierung
Kletterrose

Blütezeit
Juni–September

Wuchshöhe
250 cm

Einführungsjahr
2006

Ambiente®

Visitenkarte

Züchter
Noack

Klassifizierung
Edelrose

Blütezeit
Juni–September

Wuchshöhe
70–80 cm

Einführungsjahr
2001

Diese Edelrose besitzt cremeweiße, in der Mitte leicht gelbe, stark gefüllte Blüten. Die Blätter sind mittel- bis dunkelgrün und von guter Blattgesundheit. Diese Sorte eignet sich sehr gut für den Vasenschnitt, da die Blüten sehr lange haltbar sind. Ambiente ist sehr hitzeverträglich, blühfreudig und wird vor allem für Rosen- und Blumenbeete, aber auch für Topf- und Kübelpflanzungen verwendet. Sie wirkt sehr schön als Stammrose.

Aphrodite®

Aphrodite ist eine sehr kompakt und buschig wachsende Edelrose, die sich durch schalenförmig geviertelte große Blüten auszeichnet. Diese erreichen einen Durchmesser von 10–12 cm. Der Ton ist Lachsrosa, der Duft angenehm würzig. Die Blüten öffnen sich langsam und sind lange haltbar. Die Sorte ist regenfest und eignet sich vor allem für Beete und kleine Gruppen. Pro m^2 werden 5–6 Pflanzen empfohlen.

Visitenkarte

Züchter
Tantau

Klassifizierung
Nostalgie-Edelrose

Blütezeit
Juni–September

Wuchshöhe
60–80 cm

Einführungsjahr
2006

Aprikola®

Visitenkarte

Züchter
W. Kordes' Söhne

Klassifizierung
Beetrose

Blütezeit
Juli–September

Wuchshöhe
70–80 cm

Einführungsjahr
2000

Diese Sorte hat ihren Namen wegen ihrer aprikosengelben Blüten, die von Juni bis September erscheinen und öfter blühend sind. Aprikola wächst breit buschig, dicht verzweigt und wird bis zu 80 cm hoch. Sie verströmt einen fruchtig herben Duft, ist hitzeverträglich, regenfest und pflegeleicht. Für Rosen- und Blumenbeete geeignet, eingeführt im Jahr 2000. Aprikola wurde im Jahr 2001 als ADR-Rose anerkannt, ist unempfindlich gegenüber Pilzkrankheiten und eignet sich auch als Kübelpflanze.

Arioso®

Arioso ist eine sehr robuste Edelrose, die vor allem für raues Klima geeignet ist. Zudem handelt es sich um eine sehr gute Containerrose. Die Blüten haben einen Durchmesser von 7–9 cm, erscheinen in Rosa und verströmen einen sehr starken Duft nach Zitrone. Pro Stiel erscheint eine Blüte. Die Sorte eignet sich sehr gut für die Gruppenpflanzung, wobei die Resistenz gegenüber Mehltau und Sternrußtau sehr gut ist.

Visitenkarte

Züchter
Meilland

Klassifizierung
Edelrose

Blütezeit
Juni–September

Wuchshöhe
50–60 cm

Einführungsjahr
1995

Arnaud Delbard®

Das Auffallendste an dieser Rose ist ihr verlockender Honigduft. Die Rose blüht den ganzen Sommer über und zeigt dabei sehr schön geformte Blüten, deren Farbe von Rosa bis Orange reicht und sehr gut mit dem hellgrünen Laub harmoniert. Arnaud Delbard wächst reich verzweigt und sehr kompakt. Diese ideale Beetrose hat in den USA bereits viele Preise gewonnen, wurde aber in Europa noch nicht wirklich populär.

Visitenkarte

Züchter
Delbard

Klassifizierung
Beetrose

Blütezeit
Juni–September

Wuchshöhe
60 cm

Einführungsjahr
1972

Ashram®

Visitenkarte

Züchter
Tantau

Klassifizierung
Edelrose

Blütezeit
Juni–September

Wuchshöhe
80–120 cm

Einführungsjahr
1998

Das Auffallendste an dieser Edelrose ist ihre außergewöhnliche kupferbraun-orange Farbe, wobei die Blüten dezent geflammt sind. Insgesamt beschert das der Pflanze ein exotisches Flair. Der Duft ist leicht und angenehm fruchtig. Neben ihrer Farbe wird Ashram auch wegen ihrer Blattgesundheit, Regenfestigkeit und dem kräftigen Wuchs geschätzt. Die Sorte eignet sich für Beete, kleine Gruppen und für den Vasenschnitt.

Aspirin®

Diese Sorte zeichnet sich durch die großen weißen, gefüllten und edel geformten Blüten aus. Sie blüht von Juni bis September und ist öfter blühend. Aspirin wächst breit buschig und wird bis zu 80 cm hoch. Sehr schön ist die Kombination mit dem üppigen hellgrünen Laub, weshalb die Sorte ideal für Parkanlagen ist. Sehr hitzeverträglich, eingeführt im Jahr 1997. Die Sorte ist problemlos zu halten und ist ein absoluter Blickfang für jeden Garten!

Visitenkarte

Züchter
Tantau

Klassifizierung
Bodendecker

Blütezeit
Juni–September

Wuchshöhe
60–80 cm

Einführungsjahr
1997

Atlas®

Visitenkarte

Züchter
Delbard

Klassifizierung
Beetrose

Blütezeit
Juni–September

Wuchshöhe
60–80 cm

Einführungsjahr
1966

Eine für heutige Verhältnisse bereits relativ alte Sorte, die nach dem sagenhaften Riesen Atlas benannt wurde und durch ihre Zweifarbigkeit in sehr schönen Rosatönen fasziniert. Dabei sind die großen, zweifarbigen Blütenblätter eine Nuance intensiver gesäumt. Das Laub ist dicht stehend und glänzend. Diese mehrfach ausgezeichnete Sorte ist sehr robust und widerstandsfähig gegenüber Krankheiten.

Augusta Luise®

Augusta Luise ist champagner-rosé bzw. pfirsichfarben und besitzt große, gut gefüllte Blüten. Sie blüht von Juni bis September und zeichnet sich durch einen starken, fruchtigen und süßen Duft aus. Der Wuchs ist hoch und aufrecht. Die Sorte wurde 1999 eingeführt, ist regenfest, hitzeverträglich und sowohl als Schnittrose als auch für Beete geeignet. Ihren Namen hat die Rose von Augusta Luise Stolberg, die eine Brieffreundin Goethes war. Sie eignet sich im Garten einzeln oder in Gruppen, aber auch für den Vasenschnitt.

Visitenkarte

Züchter
Tantau

Klassifizierung
Edelrose

Blütezeit
Juni–September

Wuchshöhe
60–80 cm

Einführungsjahr
1999

Austriana®

Visitenkarte

Züchter
Tantau

Klassifizierung
Bodendecker

Blütezeit
Juni–Oktober

Wuchshöhe
50–60 cm

Einführungsjahr
1996

Diese ausgezeichnete Sorte eignet sich für die Flächenbepflanzung, für Rosenbeete (4 Pflanzen pro m²) und für große Kübel. Sie ist absolut regenfest und blüht mit sehr reich erscheinenden Blüten bis über den ersten Frost hinaus. Bereits im zweiten Standjahr entwickelt sich der typische breitbuschige Wuchs. Austriana ist eine der herausragenden Sorten unter den wirklich rot blühenden und robusten Kleinstrauchrosen.

Bad Birnbach®

Diese Sorte ist hitzeverträglich, pflegeleicht, kompakt wachsend und reich blühend. Sie wurde 1999 eingeführt und besitzt leuchtend lachsrosa Blüten, die von Juni bis September erscheinen und öfter blühen. Die Sorte wächst breit buschig und wird bis zu 50 cm hoch. Sie ist für Rosen- und Blumenbeete sowie für Hecken geeignet. Im Jahr 2000 wurde sie als ADR-Rose anerkannt und ist in anderen Ländern auch als »Electric Blanket« (USA) oder als »Bonapart« (Italien, Frankreich) bekannt.

Visitenkarte

Züchter
W. Kordes' Söhne

Klassifizierung
Beetrose

Blütezeit
Juni–September

Wuchshöhe
40–50 cm

Einführungsjahr
1999

Bambino®

Visitenkarte

Züchter
Noack

Klassifizierung
Zwergrose

Blütezeit
Juni–September

Wuchshöhe
20–30 cm

Einführungsjahr
2004

Bambino ist tatsächlich eine sehr kleine Sorte (maximal 30 cm hoch), die sich durch einen schönen Kontrast zwischen Laub und Blüte auszeichnet. Die einfachen Blüten sind pink und erscheinen in Dolden. Das Laub ist dunkelgrün und glänzend, wobei die Blattgesundheit sehr gut ist. Auffallend sind auch die leuchtend gelben Staubgefäße. Die Sorte ist öfter blühend, bisweilen sogar bis in den Oktober hinein.

Barkarole®

Es handelt sich hier um eine weltweit bekannte Spitzensorte mit edlen schwarzroten Knospen, die sich langsam zu großen, samtig dunkelroten, perfekt geformten Blüten öffnen. Die Pflanzen wachsen stark buschig, sind sehr wuchsfreudig und lange blühend. Auch die dunkelgrünrote Belaubung ist üppig. Dazu verströmt Barkarole einen sehr angenehmen Duft. Neben ihrer Verwendung als Beetrose eignet sich diese langstielige Sorte besonders gut für den Vasenschnitt!

Visitenkarte

Züchter
Tantau

Klassifizierung
Edelrose

Blütezeit
Juni–Oktober

Wuchshöhe
100–150 cm

Einführungsjahr
1988

Bassino®

Visitenkarte

Züchter
W. Kordes' Söhne

Klassifizierung
Bodendecker

Blütezeit
Juni–September

Wuchshöhe
bis zu 25 cm

Einführungsjahr
1988

Die leuchtend blutroten Blüten wachsen in dichten Büscheln und erscheinen von Juni bis September (öfter blühend). Die 1988 eingeführte Sorte eignet sich vor allem für Heide- und Steingärten, für die Kübelpflanzung und für Blumenbeete. Sie ist hitzeverträglich, regenfest und pflegeleicht. Bassino wird ca. 25 cm hoch und zählt damit zu den Kleinstrauchrosen. Die Triebe wachsen zunächst aufrecht, später niederliegend.

Bernstein Rose®

Visitenkarte

Züchter
Tantau

Klassifizierung
Beetrose

Blütezeit
Juni–September

Wuchshöhe
40–60 cm

Einführungsjahr
1987

Der Name dieser 1987 eingeführten Rose rührt von der bernsteingelben Farbe der Blüten her. Sie blüht von Juni bis zum Spätherbst und verströmt einen leichten Duft. Bernstein Rose ist sehr resistent gegen Mehltau und Sternrußtau.
Durch ihre dicht gefüllten, schalenförmigen Blüten mutet sie nostalgisch an. Es handelt sich um eine der frühesten Sorten, die allerdings nicht für heiße und trockene Standorte geeignet ist.

Beverly®

Diese noch ganz junge Züchtung ist eine sehr wüchsige Teehybride mit edlen, gut gefüllten Blüten. Diese erscheinen in kräftigem Rosa mit teilweise auch helleren Nuancen. Der Wuchs ist aufrecht und kann eine Höhe von bis zu 80 cm erreichen (Breite bis zu 50 cm). Weitere markante Kennzeichen sind der sehr starke Zitrusduft und die Blattgesundheit, vor allem die geringe Anfälligkeit gegenüber Sternrußtau.

Visitenkarte

Züchter
W. Kordes' Söhne

Klassifizierung
Edelrose

Blütezeit
Juni–September

Wuchshöhe
80 cm

Einführungsjahr
2007

Biedermeier Garden®

Diese noch sehr junge Züchtung besticht durch ihren kompakten, buschigen Wuchs. Dadurch ist sie auch als Kübelpflanze verwendbar. Biedermeier Garden besitzt einen schnellen Durchtrieb, sodass über den ganzen Sommer mit einem ständigen Blütenflor zu rechnen ist. Da sich die Blüten sehr langsam öffnen, wird die Sorte auch gerne als Schnittblume verwendet. Die stark gefüllten Blüten sind kräftig weiß mit einem kirschroten Rand, der Duft ist dezent.

Visitenkarte

Züchter
Tantau

Klassifizierung
Edelrose

Blütezeit
Juni–September

Wuchshöhe
60–70 cm

Einführungsjahr
2006

Black Magic®

Visitenkarte

Züchter
Tantau

Klassifizierung
Edelrose

Blütezeit
Juni–September

Wuchshöhe
80-100 cm

Einführungsjahr
1995

Diese sehr reich blühende Edelrose fasziniert durch ihre langen Stiele und die sich langsam öffnenden, samtig dunkelroten Blüten. Diese sind öfter blühend und schwach duftend. Daneben handelt es sich aber auch um eine mehrfach ausgezeichnete, sehr robuste Sorte mit glänzend dunkelrotem Laub. Sie eignet sich für Beete und kleine Gruppen, ist aber auch eine hervorragende Schnittblume, deren Blüten einen Durchmesser von 10–12 cm erreichen.

Blanche Colombe®

Visitenkarte

Züchter
Delbard

Klassifizierung
Kletterrose

Blütezeit
Juni–September

Wuchshöhe
250 cm

Einführungsjahr
1995

Diese bis zu 3 m hoch wachsende Kletterrose aus der berühmten französischen Rosenzucht Delbard fasziniert durch ein leuchtendes, nicht verblassendes Weiß. Es handelt sich um eine sehr kräftige Sorte, die von Juni bis September öfter blühend ist. Vor allem in Kombination mit Clematis oder Geißblatt bringt diese robuste, 1995 eingeführte Rose praktisch jedes Mauerstück zum Leuchten.

Bonanza®

Bonanza hat leuchtend gelbe Blüten mit rotem Rand. Diese erscheinen von Juni bis September und sind öfter blühend. Die Sorte wächst aufrecht, ist buschig und starkwüchsig. Sie wird bis zu 2 m hoch, ist regenfest, hitzeverträglich und pflegeleicht. Sie verströmt einen leichten Duft und wurde 1983 eingeführt. Die Blüten erscheinen leuchtend gelb und haben einen roten Rand, wobei sie mittelgroß und locker gefüllt sind.

Visitenkarte

Züchter
W. Kordes' Söhne

Klassifizierung
Strauchrose

Blütezeit
Juni–September

Wuchshöhe
bis zu 200 cm

Einführungsjahr
1983

Bonica®

Diese sehr bekannte und bereits seit längerer Zeit etablierte Beetrose hat rosa Blüten und besitzt sehr gute Bodendecker-Qualitäten. Sie ist sehr robust, auch für extreme Lagen geeignet und vor allem außerordentlich frosthart. Daneben handelt es sich auch um eine sehr gute Containerrose. Pro Stiel erscheinen 5–10 Blüten, die Blütengröße beträgt 6–8 cm. Im Herbst kann man sich an den attraktiven Hagebutten dieser Rose erfreuen.

Visitenkarte

Züchter
Meilland

Klassifizierung
Beetrose

Blütezeit
Juni–Oktober

Wuchshöhe
60–80 cm

Einführungsjahr
1982

Bordure blanche®

Visitenkarte

Züchter
Delbard

Klassifizierung
Beetrose

Blütezeit
Juni–September

Wuchshöhe
60–80 cm

Einführungsjahr
1997

Diese Sorte aus der Bordure-Serie der Züchterdynastie Delbard erzeugt einen geradezu traumhaften Schneeteppich. Die zunächst zartrosa Blüten verfärben sich beim Aufblühen schneeweiß. Vor allem in Kombination mit anderen Rosensorten wirkt Bordure blanche sehr farbverstärkend. Die Rose wurde bereits vielfach ausgezeichnet und erlangte u. a. das Zertifikat des 15. Internationalen Landrosenwettbewerbes in Paris.

Bordure camaïeu®

Visitenkarte

Züchter
Delbard

Klassifizierung
Beetrose

Blütezeit
Juni–September

Wuchshöhe
60 cm

Einführungsjahr
2001

Es handelt sich bei dieser Rose um eine Variante der beliebten »Bordure«-Serie aus der berühmten französischen Züchterdynastie Delbard. Bemerkenswert ist die Mehrfarbigkeit: Aus den orangeroten Knospen entwickeln sich halb gefüllte, becherförmige Blüten, die zunächst gelb bis aprikotfarben blühen und schließlich rosa werden. Die Sorte ist sehr reich verzweigt und öfter blühend, das Laub ist glänzend olivgrün.

Bordure magenta®

Magenta ist eine Farbnuance, die auch als helles Purpur bezeichnet wird und schon von weitem ins Auge sticht. Die Sorte ist sehr reich blühend und zeichnet sich durch ihren kompakten Wuchs aus. Zudem besitzt sie eine sehr gute Blattgesundheit. Bordure magenta lässt sich gut mit anderen Bordure-Sorten (weiß, rosa) kombinieren und wirkt auch sehr gut im Vordergrund von höheren Rabatten.

Visitenkarte

Züchter
Delbard

Klassifizierung
Beetrose

Blütezeit
Juni–September

Wuchshöhe
50–60 cm

Einführungsjahr
2004

Bordure nacrée®

Visitenkarte

Züchter
Delbard

Klassifizierung
Beetrose

Blütezeit
Juni–September

Wuchshöhe
40 cm

Einführungsjahr
1973

Die Sorte wächst buschig niedrig und besitzt kleine, dicht gefüllte Blüten in zartem Aprikot. Diese ragen in Dolden über den reich verzweigten, etwa 40 cm hoch wachsenden Busch empor. Das dunkelgrüne Laub ist dicht, glänzend und hat eine sehr gute Blattgesundheit. Mit ihrem Blütenreichtum ist die Sorte ideal für Beete und Rabatten, eignet sich aber auch sehr gut für Topfkulturen und Blumenkästen.

Bordure vive®

Diese bereits seit längerem etablierte Sorte zählt zu den kleinwüchsigsten Beetrosen. Sie bildet weit verzweigte Büsche mit relativ großen grünen Blättern. Auffallend ist die frühe, dauerhafte und reichhaltige Blüte. Die Blüten sind geruchlos und karmesinrot, wobei sie innen etwas heller sind. Das mattgrüne Laub dieser bis zu 50 cm hoch wachsenden Rose besitzt eine sehr gute Blattgesundheit.

Visitenkarte

Züchter
Delbard

Klassifizierung
Beetrose

Blütezeit
Mai–September

Wuchshöhe
30-50 cm

Einführungsjahr
1985

Botticelli®

Diese Beetrose mit dem berühmten Namen ist außerordentlich blühwillig und besitzt lachsrosa Blüten. Pro Stiel erscheinen dabei 3–5 Blüten. Das Laub ist glänzend und sehr gesund, wobei vor allem die Resistenz gegenüber Mehltau bemerkenswert ist. Sie besitzt einen leichten, aber doch unverwechselbaren Duft. Die Sorte wurde im Jahr 2004 eingeführt und eignet sich vor allem für die Flächen- und Gruppenpflanzung.

Visitenkarte

Züchter
Meilland

Klassifizierung
Beetrose

Blütezeit
Juni–September

Wuchshöhe
60–70 cm

Einführungsjahr
2004

Calapuno®

Visitenkarte

Züchter
Noack

Klassifizierung
Strauchrose

Blütezeit
Juni–September

Wuchshöhe
120–150 cm

Einführungsjahr
2005

Diese blühfreudige Sorte besitzt halb gefüllte, in Dolden auftretende Blüten in den Farben Cremegelb bis Apricot. Die Blüten haben einen Durchmesser von ca. 6 cm und verströmen einen leichten Duft. Das Laub ist mittel- bis dunkelgrün und sehr gesund. Calapuno wächst buschig aufrecht mit leicht überhängenden Trieben. Die Sorte fasziniert vor allem durch das sehr interessante Farbenspiel der Blüten.

Camille Pissarro®

Benannt nach dem berühmten impressionistischen Maler Camille Pissarro zeigt diese Rose leuchtende, große Blüten in den Farben Rot, Rosa, Gelb und Weiß. Auffallend sind auch die weißen Streifen und Flecken auf den Blütenblättern. Die Sorte verströmt einen milden, angenehmen Duft. Die Farbwirkung dieser bis zu 1 m hoch wachsenden, attraktiven Sorte wird durch das dunkelgrüne Laub noch stärker hervorgehoben.

Visitenkarte

Züchter
Delbard

Klassifizierung
Beetrose

Blütezeit
Juni–September

Wuchshöhe
60 cm

Einführungsjahr
1996

Candlelight®

Diese Sorte eignet sich vor allem für Beete und kleine Gruppen sowie als Schnittblume. Sie blüht den Sommer über in einer faszinierenden goldgelben Farbe mit großen, nostalgisch gefüllten Blüten. Candlelight ist sehr wuchskräftig, braucht aber einen leichten Winterschutz. Besonders hervorzuheben an dieser mehrfach ausgezeichneten Sorte ist der starke Edelrosenduft. Es werden 4–5 Pflanzen pro m² empfohlen!

Visitenkarte

Züchter
Tantau

Klassifizierung
Nostalgie-Edelrose

Blütezeit
Juni–September

Wuchshöhe
80–100 cm

Einführungsjahr
2001

Candia® Meidiland®

Visitenkarte

Züchter
Meilland

Klassifizierung
Kleinstrauchrose

Blütezeit
Juni–September

Wuchshöhe
60–80 cm

Einführungsjahr
2007

Ein noch sehr junge Kleinstrauchrose, die durch eine außergewöhnliche Blüte fasziniert. Die Blütenblätter sind rot und rund um die Staubgefäße befindet sich ein heller Innenring Sie ist sehr reich blühend, regenfest und besitzt eine gute Selbstreinigung. Das Laub weist eine sehr gute Blattgesundheit auf, hervorzuheben ist vor allem die Resistenz gegenüber Mehltau. Diese bis zu 80 cm hoch wachsende Sorte ist vor allem für kleinere Gärten geeignet, sehr gut macht sie sich im öffentlichen Grün.

Cantario®

Diese leuchtend rote, reich blühende Beetrose wurde 2004 als ADR-Rose anerkannt und besitzt halb gefüllte, in Dolden erscheinende, rundliche Blüten (sehr klein mit einem Durchmesser von lediglich 3 cm). Das Laub ist dunkelgrün glänzend und von einer ausgezeichneten Blattgesundheit. Der Wuchs ist kompakt und dicht. Die Sorte eignet sich vor allem für kleine Gärten und schmale Beete.

Visitenkarte

Züchter
Noack

Klassifizierung
Beetrose

Blütezeit
Juni–September

Wuchshöhe
60 cm

Einführungsjahr
2006

Canzonetta®

Visitenkarte

Züchter
Noack

Klassifizierung
Beetrose

Blütezeit
Juni–September

Wuchshöhe
40–50 cm

Einführungsjahr
2005

Es handelt sich hier um eine 2005 als ADR-Rose anerkannte Sorte mit halb gefüllten, leuchtend roten Blüten, die in Dolden erscheinen. Diese sind sehr blühfreudig, farbbeständig und haben eine sehr gute Fernwirkung. Das mittel- bis dunkelgrüne Laub weist eine sehr gute Blattgesundheit auf. Durch ihren niedrigen, kompakten Wuchs eignet sich Canzonetta vor allem für kleine Gärten und schmale Beete. Ein Sommerrückschnitt wird empfohlen!

Caramella®

Visitenkarte

Züchter
W. Kordes´ Söhne

Klassifizierung
Strauchrose

Blütezeit
Juni–September

Wuchshöhe
120 cm

Einführungsjahr
2001

Wie der Name schon ausdrückt, bezaubert diese Strauchrose durch ihre hellen, bernsteinfarbenen Blüten, die auf dichtem, leicht glänzendem Laub sitzen. Die Blüten selbst sind stark gefüllt und fast geviertelt. Die robuste, sehr gesunde Pflanze wächst buschig und aufrecht. Sie kann sowohl einzeln als auch in Gruppen gepflanzt werden und setzt durch ihre außergewöhnliche Farbe sehr schöne Akzente in jedem Garten.

Carmagnole®

Visitenkarte

Züchter
Delbard

Klassifizierung
Beetrose

Blütezeit
Juni–September

Wuchshöhe
100–120 cm

Einführungsjahr
1989

Carmagnole (ein berühmter französischer Tanz) zeichnet sich durch ein sehr lebhaftes Farbenspiel aus: Die zart nuancierten Blüten sind cremeweiß mit einem karminrosafarbenen Rand. Die bis zu 1,2 m hoch wachsende Sorte ist reich blühend, robust und sehr gesund. Sie wurde mehrfach ausgezeichnet und belegte u. a. im Jahr 1993 den ersten Platz beim Landrosenwettbewerb in Paris.

Charmant®

Visitenkarte

Züchter
W. Kordes' Söhne

Klassifizierung
Bodendecker

Blütezeit
Juni–September

Wuchshöhe
bis zu 40 cm

Einführungsjahr
1999

Diese Zwergrose hat kleine rosa Blüten mit gelbweißer Mitte. Diese blühen von Juni bis September und sind öfter blühend. Die Pflanze wächst buschig, kompakt und wird ca. 40 cm hoch. Besonders im ersten Flor zeichnet sich Charmant durch großen Blütenreichtum aus. Sie verströmt einen leicht süßlichen Duft und wurde 1999 eingeführt. Besonders geeignet ist diese Sorte für Töpfe, Kübel und Balkonkästen.

Cherry Brandy®

Visitenkarte

Züchter
Tantau

Klassifizierung
Edelrose

Blütezeit
Juni–September

Wuchshöhe
80–100 cm

Einführungsjahr
1985

Es handelt sich hier um eine hervorragende Freilandrose mit einer Länge von 80 cm bis zu 1 m. Ihre Blüten, die sich langsam öffnen, sind gelb-orange gefärbt. Diese Sorte eignet sich durch ihre Länge und die großen Blüten gut für große Sträuße. Der Duft ist sehr intensiv, der Wuchs kräftig. Sie blüht von Juni bis September und wurde 1985 eingeführt. Die Rose ist hitzeverträglich und eignet sich auch sehr gut als Schnittrose.

Chippendale®

Diese stark und robust wachsende Edelrose besitzt ein dunkles, glänzendes Laub, wodurch die dunkelorangen, stark duftenden Blüten besonders gut zur Geltung kommen. Diese sind schalenförmig, nostalgisch gefüllt und erscheinen in großer Zahl. Die Sorte blüht sehr früh, wobei der Duft süßlich herb ist. Sie eignet sich vor allem als Hintergrundbepflanzung, für kleine Gruppen und als Schnittblume. Sehr attraktiv sind die sich langsam öffnenden Blüten!

Visitenkarte

Züchter
Tantau

Klassifizierung
Nostalgie-Edelrose

Blütezeit
Juni–September

Wuchshöhe
80–100 cm

Einführungsjahr
2005

Christoph Columbus®

Visitenkarte

Züchter
Meilland

Klassifizierung
Edelrose

Blütezeit
Juni–September

Wuchshöhe
80–100 cm

Einführungsjahr
1992

Diese bekannte Edelrose mit dem berühmten Namen beeindruckt durch ihren starken, aufrechten Wuchs (bis zu 100 cm), ihre Robustheit und ihre Regenfestigkeit. Dadurch ist sie auch für raue Lagen geeignet. Die Blüten sind sehr groß (10–12 cm Durchmesser) und von einer sehr markanten, kräftig lachsroten Farbe. Sie verströmen einen gewürzartigen Duft. Die Sorte eignet sich vor allem für die Gruppenpflanzung, ist aber auch eine gute Containerrose.

Centenaire de Lourdes®

Eine bereits relativ alte Sorte, die aufrecht buschig wächst und dunkelrosa gefüllte Blüten besitzt. Die Blätter sind dunkelgrün, wobei die Blattgesundheit sehr zufrieden stellend ist. Ihre Dauerblüte und die große Resistenz gegenüber Krankheiten machen diese regenfeste und hitzeverträgliche Sorte zu einer idealen Beet- oder Heckenrose. Außergewöhnlich ist auch der angenehme Duft, der an Jasmin erinnert.

Visitenkarte

Züchter
Delbard

Klassifizierung
Strauchrose

Blütezeit
Juni–September

Wuchshöhe
80–100 cm

Einführungsjahr
1958

Cinderella®

Visitenkarte

Züchter
W. Kordes´
Söhne

Klassifizierung
Strauchrose

Blütezeit
Juni–September

Wuchshöhe
150 cm

Einführungsjahr
2003

Diese mehrfach ausgezeichnete Rose versprüht mit ihren nostalgischen Blüten in zartrosa Farbe den Charme alter Rosen. Die kugelförmigen Blüten öffnen sich zu einer reich gefüllten Schale und verströmen dabei einen angenehmen Duft nach grünem Apfel. Cinderella besitzt eine sehr gute Blattgesundheit und kann in milden Gegenden durchaus auch als Kletterrose verwendet werden. Diese attraktive Sorte ist ausgesprochen pflegeleicht.

Claude Monet®

Eine weitere nach einem berühmten Maler benannte Rose mit einem faszinierenden Spiel der Farben: Die großen Blüten sind weiß, himbeerfarben und gelb geflammt. Bei halb geöffneter Blüte duftet die Rose am intensivsten. Diese Sorte ist besonders reich blühend, hitzeverträglich und regenfest. Sie eignet sich sowohl für die Einzel- und Gruppenpflanzung als auch für den Vasenschnitt und wird bis zu 1 m hoch.

Visitenkarte

Züchter
Delbard

Klassifizierung
Strauchrose

Blütezeit
Juni–September

Wuchshöhe
80–100 cm

Einführungsjahr
1992

Coco®

Visitenkarte

Züchter
W. Kordes' Söhne

Klassifizierung
Zwergrose

Blütezeit
Juni–September

Wuchshöhe
40 cm

Einführungsjahr
2006

Diese noch junge Zwergrosenzüchtung besticht durch die lachsorange bis lachsrosa Blütenfarbe und die gelben Staubgefäße. Diese Kombination wirkt außerordentlich harmonisch. Es handelt sich um eine sehr kompakt wachsende Sorte mit hoher Blattgesundheit und einfachen, relativ kleinen, wetterunempfindlichen Blüten. Coco ist öfter blühend und wächst bis zu 40 cm hoch bzw. bis zu 30 cm breit.

Colette®

Colette ist eine öfter blühende Strauchrose, die außerordentlich reich blühend ist und kräftig gefüllte, rosettenförmige Blüten von goldbrauner Farbe besitzt. Diese erinnern sehr stark an die Form Alter Rosen. Der Duft ist stark und angenehm, der Wuchs aufrecht, buschig und kräftig verzweigt. Die unempfindliche Sorte vermittelt mit den üppigen Blütenbällen ein nostalgisches Flair und kann einzeln oder auch gruppenweise gepflanzt werden.

Visitenkarte

Züchter
Meilland

Klassifizierung
Strauchrose

Blütezeit
Juni–September

Wuchshöhe
200 cm

Einführungsjahr
1993

Colossal Meidiland®

Visitenkarte

Züchter
Meilland

Klassifizierung
Kleinstrauchrose

Blütezeit
Juni–September

Wuchshöhe
60–80 cm

Einführungsjahr
1999

Colossal Meidiland trägt ihren Namen zu Recht, handelt es sich doch um eine sehr starkwüchsige Kleinstrauchrose, die den Boden sehr rasch abdeckt. Die Sorte ist zudem sehr robust und frosthart. Diese großblumige Sorte besitzt dunkelrote Blüten mit einem Durchmesser von 6–7 cm. Die Blattgesundheit ist sehr zufrieden stellend. Verwendet wird Colossal Meidiland vor allem für die Flächenpflanzung, ideal ist sie für das öffentliche Grün.

Cookie®

Diese öfter blühende Sorte fasziniert durch ihre leuchtend roten Blüten und das dunkelgrüne, glänzende Laub. Sie eignet sich sowohl für die Einzel- als auch für die Gruppenpflanzung, besonders aber für Garten- und Parkanlagen. Auffallend ist die sehr große Regenresistenz der Blüten, die einen Durchmesser von 6–8 cm haben und in einer Anzahl von 5–8 pro Stiel erscheinen. Bei dieser Sorte wird ein jährlicher Rückschnitt empfohlen.

Visitenkarte

Züchter
Meilland

Klassifizierung
Strauchrose

Blütezeit
Juni–September

Wuchshöhe
100–150 cm

Einführungsjahr
2002

Crescendo®

Visitenkarte

Züchter
Noack

Klassifizierung
Beetrose

Blütezeit
Juni–September

Wuchshöhe
80–90 cm

Einführungsjahr
2003

Diese 2005 als ADR-Rose anerkannte Sorte besticht vor allem durch die gefüllten, flach kugelig geformten rosa Blüten. Diese haben einen Durchmesser von ca. 10 cm, sind nostalgisch geformt und erscheinen in Dolden. Crescendo besticht durch das gesunde, mittelgrüne, glänzende Laub und die starken, festen Triebe. Diese bis zu 90 cm hoch wachsende Rose eignet sich auch sehr gut für den Vasenschnitt.

Crimson Meidiland®

Es handelt sich um eine großblumige Kleinstrauchrose, die sehr starkwüchsig, robust und frosthart ist. Sie ist vor allem für rauere Lagen geeignet. Die Blütenfarbe ist Dunkelrot und harmoniert sehr gut mit dem dunkelgrünen, gesunden Laub. Crimson Meidiland wird vor allem für die Gruppenpflanzung verwendet, ideal ist diese Rose für das öffentliche Grün. Die Sorte wurde im Einführungsjahr 1996 als ADR-Rose anerkannt.

Visitenkarte

Züchter
Meilland

Klassifizierung
Kleinstrauchrose

Blütezeit
Juni–September

Wuchshöhe
80–100 cm

Einführungsjahr
1996

Deutsches Rosarium Dortmund®

Visitenkarte

Züchter
Noack

Klassifizierung
Kletterrose

Blütezeit
Juli–Oktober

Wuchshöhe
250 cm

Einführungsjahr
1994

Diese öfter und spät blühende Kletterrose besitzt gefüllte hellrosa Blüten, die rispenförmig angeordnet sind. Sie erscheinen in Dolden zu 20 Blüten mit einem Durchmesser von etwa 4 cm. Das Laub ist mittelgrün glänzend und von guter Gesundheit. Der Wuchs ist buschig mit immer neuen Trieben aus der Veredelungsstelle. Diese hitzeverträgliche und regenfeste Sorte besitzt feine biegsame Triebe.

Diamant®

Visitenkarte

Züchter
W. Kordes' Söhne

Klassifizierung
Bodendecker

Blütezeit
Mai–November

Wuchshöhe
60 cm

Einführungsjahr
2001

Der Name kommt nicht von ungefähr, denn diese Sorte ist äußerst widerstandsfähig und frosthart. Besonders erwähnenswert ist die Resistenz gegenüber Pilzkrankheiten. Die in Dolden stehenden, leicht gefüllten Blüten sind reinweiß, das Laub ist dunkelgrün, glänzend und sehr gesund. Diese 2002 als ADR-Rose anerkannte Sorte eignet sich besonders zum schnellen Abdecken großer Flächen, kann aber durchaus auch als Beetrose verwendet werden.

Die Welt®

Visitenkarte

Züchter
W. Kordes' Söhne

Klassifizierung
Edelrose

Blütezeit
Juni–September

Wuchshöhe
bis zu 80 cm

Einführungsjahr
1976

Der eigentümliche Name kommt daher, weil diese farbenprächtige Rose so bunt schillert wie unsere Welt. Sie wurde 1976 eingeführt, hat sehr lange Stiele und wird bis zu 80 cm hoch. Die Knospen sind sehr groß, die Pflanze selbst ist kräftig und dicktriebig. Sie verströmt einen leichten Duft und liebt einen sonnigen Standort. Die Blüten bestechen durch ein gelbes Lachsorange mit rötlicher Berandung, wobei die Unterseite lichtgelb ist.

Dioressence®

Visitenkarte

Züchter
Delbard

Klassifizierung
Beetrose

Blütezeit
Juni–Oktober

Wuchshöhe
70–90 cm

Einführungsjahr
1984

Diese Sorte trägt den Namen eines großen Duftes von Christian Dior und blüht mehrmals von Juni bis Oktober. Die pokalförmigen Blüten sind stark gefüllt, zart violett und entfalten sich in 3er- oder 5er-Gruppen. Der Duft ist sehr intensiv und übertrifft das gleichnamige Parfum sogar noch. Das dichte Laub ist dunkelgrün, leicht glänzend und sehr gesund. Die Sorte wächst breit und buschig, wobei ein Rückschnitt im Frühjahr empfohlen wird.

Duftfestival®

Visitenkarte

Züchter
Meilland

Klassifizierung
Edelrose

Blütezeit
Juni–September

Wuchshöhe
40–60 cm

Einführungsjahr
2000

Nomen est Omen: Diese Edelrose mit ihrem buschigen, kräftigen Wuchs besticht durch ihren sensationellen Duft und wurde dafür u. a. 1999 in Baden-Baden als beste Duftrose ausgezeichnet. Sehr schön sind aber auch die samtroten, gut gefüllten Blüten mit einem Durchmesser von 8–10 cm. Die Sorte besitzt eine sehr gute Blattgesundheit und eignet sich sowohl für die Einzel- als auch Gruppenpflanzung.

Duftgold®

Duftgold besitzt elegant geformte, lange Knospen in einem leuchtenden Goldton. Die Blüten sind groß, witterungsunempfindlich und butterblumengelb. Der Duft ist auffallend stark und würzig. Diese 1981 eingeführte Sorte ist winterhart und hat eine Wuchshöhe von 60–80 cm. Das frischgrüne, glänzende Laub ist lederartig. Es handelt sich dabei um eine Sorte, die sehr ausdauernd blüht.

Visitenkarte

Züchter
Tantau

Klassifizierung
Edelrose

Blütezeit
Juni–September

Wuchshöhe
60–80 cm

Einführungsjahr
1981

Duftwolke®

Visitenkarte

Züchter
Tantau

Klassifizierung
Beetrose

Blütezeit
Juni–September

Wuchshöhe
50–70 cm

Einführungsjahr
1963

Die Sorte trägt ihren Namen zu Recht, besitzt sie doch einen überragend starken Duft. Es handelt sich um eine weltweit beliebte Rose, die schon seit Jahrzehnten etabliert ist. Die Blüten sind groß, gut gefüllt und erscheinen in korallenroter Farbe. Duftwolke eignet sich für Rosenbeet und kleine Gruppen (5–8 Pflanzen pro m²). Sie ist besonders früh blühend und gleicht in Blütenform und Ausstrahlung einer Edelrose.

Eden Rose®

Die hellrosa Blüten sind gefüllt und rosettenartig. Sie erscheinen von Juni bis September und sind öfter blühend. Die Sorte wächst aufrecht buschig und wird bis zu 1,5 m hoch. Sie liebt nährstoffreiche und sonnige Standorte und ist vor allem als Schnittblume geeignet. Eden Rose verströmt einen leichten Duft und wurde 1985 eingeführt. Sehr attraktiv sind die nostalgisch gefüllten Blüten. Auf dem Foto unten ist die Variante »Red Eden Rose« abgebildet.

Visitenkarte

Züchter
Meilland

Klassifizierung
Strauchrose

Blütezeit
Juni–September

Wuchshöhe
100–150 cm

Einführungsjahr
1985

Edgar Degas®

Visitenkarte

Züchter
Delbard

Klassifizierung
Beetrose

Blütezeit
Juni–September

Wuchshöhe
60–80 cm

Einführungsjahr
2002

Diese Rose ist nach dem berühmten impressionistischen Maler Edgar Degas benannt, der die traditionellen Regeln von Bildkomposition und Harmonie über Bord warf. Auch die Sorte zeigt ein sehr außergewöhnliches Farbenspiel zwischen Gelb und Blutrot bis Violett geflammt. Die Blüten sind halbgefüllt und verströmen einen angenehmen Duft nach Hyazinthe, Johannis- und Himbeere.

Elbflorenz

Eine Sorte mit mehreren außergewöhnlichen Eigenschaften: Einerseits verströmt sie einen sehr intensiven, angenehmen Zitronenduft, andererseits ist sie sehr blühwillig, besitzt starke Stiele und eine sehr gute Blattgesundheit. Die großen (Durchmesser 8–10 cm), fuchsiaroten, stark gefüllten Blätter vermitteln ein romantisches Flair. Elbflorenz erreicht eine Höhe von bis zu 80 cm und eignet sich vor allem für die Gruppenpflanzung. Als ADR-Rose seit dem Jahr 2007 geführt.

Visitenkarte

Züchter
Meilland

Klassifizierung
Edelrose

Blütezeit
Juni–September

Wuchshöhe
60–80 cm

Einführungsjahr
2006

Elfe®

Visitenkarte

Züchter
Tantau

Klassifizierung
Kletterrose

Blütezeit
Juni–September

Wuchshöhe
250–300 cm

Einführungsjahr
2000

Elfe eignet sich besonders gut für warme Standorte mit starker Sonneneinstrahlung. Die Blumen sind sehr lange haltbar und somit besonders empfehlenswert für den Vasenschnitt. Die Blüten sind sehr groß, creme-gelb-grünlich und stark geviertelt. Der Duft ist mild und fruchtig, allerdings ist die in zwei starken Hauptfloren blühende Sorte etwas regenempfindlich. Die Stiele sind kräftig, das Laub ist glänzend und dunkelgrün. Empfohlen werden 2 Pflanzen pro m^2!

Erotika®

Erotika ist samtdunkelrot mit sehr großen, länglichen und gut gefüllten Blüten. Der Duft ist mittelstark und würzig. Die Sorte blüht von Juni bis zum Frost. Das Laub ist dunkelgrün und glänzend. Erotika hat einen kräftigen, aufrechten Wuchs und elegante, lange Stiele. Sie wurde 1968 eingeführt und eignet sich sehr gut als Schnittblume. Erotika ist eine ADR-Rose, die sehr hitzeverträglich ist und die sich auch gut als Schnittrose eignet.

Visitenkarte

Züchter
Meilland

Klassifizierung
Edelrose

Blütezeit
Juni–September

Wuchshöhe
60–90 cm

Einführungsjahr
1968

Excelsa®

Visitenkarte

Züchter
Walsh

Klassifizierung
Kletterrose

Blütezeit
Juni–Oktober

Wuchshöhe
bis zu 300 cm

Einführungsjahr
1909

Es handelt sich um die weltweit bekannteste Ramblerrose, die sehr geeignet ist, um auf Bäume zu klettern. Sie toleriert auch arme Böden, ist allerdings leicht anfällig für Mehltau (es wird ein luftiger Standort empfohlen). An Hauswänden sollte daher vorbeugend gespritzt werden. Diese Rose verströmt keinen Duft, hat tiefgrünes, glänzendes Laub und kann bis zu 3 m hoch werden. Die Farbe variiert je nach Standort, ist aber zumeist leuchtend Hellrot mit weißer Mitte. Die verbesserte Sorte »Super Excelsa« wurde im Jahr 1991 als ADR-Rose anerkannt.

Fantasia Mondiale®

Fantasia Mondiale ist eine Mutation aus der beliebten Sorte »Mondiale« und zeichnet sich durch ein sehr interessantes Farbenspiel aus (lachs-orange). Auffallend sind die großen, gut gefüllten Blüten (Durchmesser bis zu 10 cm). Die Sorte wird bis zu 1 m hoch, zählt zu den gesündesten in der Gruppe der Teehybriden und besitzt eine sehr gute Haltbarkeit. Sie ist daneben besonders gut für den Vasenschnitt geeignet.

Visitenkarte

Züchter
W. Kordes' Söhne

Klassifizierung
Edelrose

Blütezeit
Juni–September

Wuchshöhe
100 cm

Einführungsjahr
2000

Fassadenzauber®

Die leuchtenden reinrosa Blüten dieser Kletterrose zeichnen sich durch eine sehr gute Fernwirkung aus. Sie sind gefüllt und besitzen eine sehr edle Form. Das Laub ist mittel- bis dunkelgrün, glänzend und hat eine sehr gute Blattgesundheit. Der Wuchs ist buschig, die Triebe sind fest und stark. Die hitzeverträgliche und regenfeste Sorte wird vor allem für Fassaden, Rosenbögen oder Pergolen verwendet, ist aber auch eine gute Schnittrose.

Visitenkarte

Züchter
Noack

Klassifizierung
Kletterrose

Blütezeit
Juni–September

Wuchshöhe
250 cm

Einführungsjahr
1997

Fishermans Friend®

Visitenkarte

Züchter
Austin

Klassifizierung
Edelrose

Blütezeit
Juni–September

Wuchshöhe
bis zu 150 cm

Einführungsjahr
1987

Es handelt sich um eine dunkelweinrot und öfter blühende Edelrose, die einen sehr intensiven und angenehmen Duft verströmt. Die Duftnote ist sehr fruchtig. Die Höhe kann bis zu 150 cm betragen, wobei der Durchschnitt bei 60–80 cm liegt. Der Pflanzenbedarf liegt bei 4–5 Stück pro m^2. Sie eignet sich gut für Gruppenpflanzung, aber auch für den Vasenschnitt. Aufgrund ihrer tiefroten Farbe passt sie besonders gut zu weißen Glockenblumen.

Flashlight®

Flashlight ist eine relativ junge, wunderschöne Strauchrose, welche den Charme Englischer Rosen mit einer sehr guten Blattgesundheit verbindet. Die rosafarbenen Blüten sind gefüllt, haben einen Durchmesser von etwa 10 cm und verströmen einen angenehmen Duft. Das gesunde Laub ist hellgrün und harmoniert sehr schön mit den leuchtend rosa Blüten. Diese Sorte mit ihrem lockeren buschigen Wuchs wurde 2006 als ADR-Rose anerkannt.

Visitenkarte

Züchter
Noack

Klassifizierung
Strauchrose

Blütezeit
Juni–September

Wuchshöhe
120 cm

Einführungsjahr
2006

Focus®

Visitenkarte

Züchter
Noack

Klassifizierung
Edelrose

Blütezeit
Juni–September

Wuchshöhe
70 cm

Einführungsjahr
1997

Diese ausgezeichnete Rose (u. a. goldene Rose von Den Haag 2000) besitzt gefüllte lachsrosa Blüten von einer sehr edlen Form. Sie haben einen Durchmesser von ca. 10 cm und durch ihre leuchtende Farbe eine sehr gute Fernwirkung. Die Sorte ist sehr blühfreudig und hat dunkelgrüne, glänzende Blätter von guter Gesundheit. Die hitzeverträgliche und regenfeste Rose eignet sich für Rosen- und Blumenbeete, aber auch für den Vasenschnitt.

France Info®

Diese Rose wurde interessanterweise nach einem 1987 gegründeten französischen Nachrichtensender benannt, der sich auch der Rosenzucht widmete. Die sehr robuste, regenfeste und hitzeverträgliche Sorte besitzt dicht gefüllte Blüten, die beim Öffnen karminrot umrandet sind und beim Aufblühen in sattes Goldgelb übergehen. Die Blätter sind dunkelgrün, der Duft ist außergewöhnlich und stark.

Visitenkarte

Züchter
Delbard

Klassifizierung
Strauchrose

Blütezeit
Juni–September

Wuchshöhe
80 cm

Einführungsjahr
2002

France Libre®

Visitenkarte

Züchter
Delbard

Klassifizierung
Strauchrose

Blütezeit
Juni–September

Wuchshöhe
80–100 cm

Einführungsjahr
1990

Es handelt sich um eine Strauchrose mit Edelrosencharakter, die leuchtend orange, auffällig gefüllte Blüten besitzt, welche aus einer länglichen Knospe entspringen. Die Sorte ist sehr pflegeleicht, regenfest und hitzeverträglich, das dunkelgrüne Laub harmoniert perfekt mit der Blütenfarbe. France Libre wurde bereits mehrfach ausgezeichnet und eignet sich neben ihrer Verwendung als Strauchrose auch optimal als Schnittrose.

Frederic Mistral®

Diese stark wachsende und regenfeste Edelrose fasziniert durch ihre gut gefüllten, großen (Durchmesser 10–12 cm), hellrosa Blüten. Daneben verströmt sie einen intensiven Duft nach Zitronen. Der Wuchs ist starkbuschig, die Blattgesundheit gut. Es handelt sich bei dieser Sorte um eine sehr empfehlenswerte Duftrose. Auch für den Blumenschnitt aus dem Freiland ist Frederic Mistral bestens geeignet.

Visitenkarte

Züchter
Meilland

Klassifizierung
Edelrose

Blütezeit
Juni–September

Wuchshöhe
60–80 cm

Einführungsjahr
1993

Friesia®

Visitenkarte

Züchter
W. Kordes' Söhne

Klassifizierung
Beetrose

Blütezeit
Juni–September

Wuchshöhe
bis zu 60 cm

Einführungsjahr
1973

Es handelt sich um eine hochwertige Sorte, die vor allem wegen ihrer leuchtenden goldgelben Blüten und dem intensiven lieblichen Duft geschätzt wird. Sie blüht von Juni bis September und ist öfter blühend. Die Sorte ist kompakt wachsend, hitzeverträglich, pflegeleicht und wird bis zu 60 cm hoch. Die Sorte wurde bereits im Einführungsjahr als ADR-Rose anerkannt und besitzt wegen ihres intensiven Duftes und der Blütenwirkung einen besonders großen Gartenwert.

Fruité®

Ihre außergewöhnliche Wirkung erzielt diese Sorte durch die lachsroten, gelb geflammten Blüten. Diese haben einen Durchmesser von 8–9 cm und erscheinen zwischen Juni und September in einer Anzahl von 3–5 pro Stiel. Der Duft ist relativ intensiv und angenehm, die Blattgesundheit zufrieden stellend. Die Sorte eignet sich sowohl für die Einzel- als auch für die Gruppenpflanzung, wobei es sich hier auch um eine sehr gute Containerrose handelt.

Visitenkarte

Züchter
Meilland

Klassifizierung
Edelrose

Blütezeit
Juni–September

Wuchshöhe
80–100 cm

Einführungsjahr
2002

Gärtnerfreude®

Visitenkarte

Züchter
W. Kordes' Söhne

Klassifizierung
Bodendecker

Blütezeit
Juni–Oktober

Wuchshöhe
50 cm

Einführungsjahr
1999

Diese Kleinstrauchrose besitzt himbeerrote Blüten, die locker gefüllt sind und in Dolden erscheinen. Pro Stiel sind dabei 20–25 Blüten zu erwarten. Das Laub ist dunkelgrün, glänzend und sehr widerstandsfähig. Beliebt ist diese Sorte vor allem wegen ihrer Robustheit, ist sie doch regenfest und frosthart. Gärtnerfreude, die ihren Namen durchaus zu Recht trägt, kann sowohl in Einzelstellung, in Gruppen- und flächiger Pflanzung als auch in Topf und Kübel verwendet werden.

Gebrüder Grimm®

Visitenkarte

Züchter
W. Kordes' Söhne

Klassifizierung
Beetrose

Blütezeit
Juni–September

Wuchshöhe
70 cm

Einführungsjahr
2002

Diese Märchenrose hat stark gefüllte, leuchtend orange Blüten mit gelber Unterseite. Das Laub ist dunkelgrün, stark glänzend und von einer außerordentlichen Blattgesundheit. Der Wuchs ist aufrecht buschig (Höhe 70 cm, Breite 50 cm), der Duft sehr dezent. Die mehrfach ausgezeichnete, 2002 als ADR-Rose anerkannte Sorte ist eine ideale Beetrose, eignet sich aber auch für die Einzelstellung. Sie fasziniert vor allem durch ihre Farbwirkung.

Getano®

Visitenkarte

Züchter
Noack

Klassifizierung
Strauchrose

Blütezeit
Juni–September

Wuchshöhe
150 cm

Einführungsjahr
2006

Eine noch relativ junge Züchtung, die jedoch bereits 2005 als ADR-Rose anerkannt wurde. Sie wirkt äußerst attraktiv durch die leuchtend roten Blüten mit der gelben Mitte. Diese sind halb gefüllt und erscheinen in Dolden. Das Laub ist dunkelgrün glänzend und hat eine gute Blattgesundheit. Der Austrieb der Triebe und Blätter ist rötlich gefärbt. Auffallend an dieser aufrecht buschig wachsenden Sorte ist ihre starke Bestachelung.

Gloria Dei

Visitenkarte

Züchter
Meilland

Klassifizierung
Edelrose

Blütezeit
Juni–September

Wuchshöhe
80–100 cm

Einführungsjahr
1945

Diese Rose wurde bereits im Jahr 1945 eingeführt und ist die meistverkaufte Gartenrose aller Zeiten. Sie besitzt gelbe Blüten mit rötlichem Rand, welche dicht gefüllt sind. Gloria Dei blüht von Juni bis September und ist öfter blühend. Sie wächst sehr buschig und wird bis zu 100 cm hoch. Geeignet für Beete, hitzeverträglich und leicht duftend. Die wohl berühmteste Rose der Welt besticht nicht nur durch ihre Blütenpracht, sondern vor allem auch durch ihre Robustheit und Wuchsfreude.

Goldelse®

Visitenkarte

Züchter
Tantau

Klassifizierung
Beetrose

Blütezeit
Juni–September

Wuchshöhe
bis zu 60 cm

Einführungsjahr
1999

Die Sorte zeichnet sich vor allem durch den schönen Kontrast zwischen Blüten und Blättern aus. Die Blüten sind kupfergelb bis orange und erscheinen von Juni bis September, wobei sie öfter blühend sind. Die 1999 eingeführte Rose hat einen leichten, fruchtigen Duft, ist pflegeleicht, hitzeverträglich und auch regenfest. Besonders attraktiv ist der Kontrast zwischen Blättern und Blüten sowie der kompakte Wuchs.

Golden Gate®

Visitenkarte

Züchter
W. Kordes' Söhne

Klassifizierung
Kletterrose

Blütezeit
Juni–September

Wuchshöhe
250 cm

Einführungsjahr
2005

Bei dieser Kletterrosen-Neuheit handelt es sich um eine Sorte, die vor allem durch ihre Blattgesundheit und Wuchskraft fasziniert. Die Blüten sind goldgelb, stark gefüllt und stehen meist in Dolden von 5–10 Blüten. Später geht die Farbe in ein klares Reingelb über. Die Sorte ist gut wüchsig und wächst buschig. Angenehm ist der fruchtig frische Duft nach Zitronen, der sehr gut mit der Blütenfarbe harmoniert.

Goldfinch

Visitenkarte

Züchter
Paul

Klassifizierung
Kletterrose

Blütezeit
Juni–Juli

Wuchshöhe
bis zu 500 cm

Einführungsjahr
1907

Goldfinch ist eine sehr bewährte Kletterrose, die bereits im Jahr 1907 eingeführt wurde. Sie wird bis zu 5 m hoch und hat weiße bis hellgelbe, leicht gefüllt Blüten. Die Blütezeit ist von Juni bis Juli (nur einmal blühend). Die Sorte eignet sich zum Beranken von Pergolen, Wänden und Rosenbögen, ist hitzeverträglich sowie pflegeleicht. Die Hagebutten haben eine sehr attraktive orange Farbe.

Goldjuwel®

Diese Miniaturrose besitzt mittelgroße, elegant geformte Blüten mit einem goldgelben Farbton. Da sie schön rundbuschig und gedrungen wächst, ist sie vor allem für die Topf- und Containerkultur geeignet. Man kann sie aber auch für Einfassungen, für den Steingarten oder als Balkonpflanze verwenden. Diese Sorte wird vor allem wegen ihrer stabilen Farbe, ihrer Blühstärke und ihrer Blattgesundheit geschätzt. Empfohlen wird die Pflanzung von 8–11 Rosen pro m^2.

Visitenkarte

Züchter
Tantau

Klassifizierung
Zwergrose

Blütezeit
Mai–September

Wuchshöhe
40–50 cm

Einführungsjahr
1993

Goldstern®

Visitenkarte

Züchter
Tantau

Klassifizierung
Kletterrose

Blütezeit
Juni–September

Wuchshöhe
200–250 cm

Einführungsjahr
1966

Es handelt sich um eine bereits seit längerem etablierte Sorte mit großen, gefüllten und goldgelben Blüten. Diese erscheinen den ganzen Sommer über in großer Zahl. Goldstern ist sehr winterhart und zeichnet sich neben großer Blühfreudigkeit vor allem durch gute Verzweigung und einen gesunden Durchtrieb aus. Die Sorte ist sehr robust, der Duft angenehm mild. Pro m² wird eine Pflanze empfohlen.

Graciosa®

Diese äußerst lang blühende und hoch wachsende Sorte fasziniert nicht nur durch ihre gefüllten pastellrosa bis weißen Blüten, sondern auch durch ihren intensiven Duft. Die Blüten sind sehr edel geformt und auch für den Vasenschnitt geeignet. Diese sehr gesunde Rose besitzt mittel- bis dunkelgrüne glänzende Blätter, hat einen buschigen Wuchs und starke, feste Triebe. Sie ist öfter und vor allem früh blühend.

Visitenkarte

Züchter
Noack

Klassifizierung
Kletterrose

Blütezeit
Juni–November

Wuchshöhe
300 cm

Einführungsjahr
2002

Gräfin von Hardenberg®

Diese äußerst attraktive Sorte besticht durch ihre mittelgroßen, intensiv samtig bordeauxroten Blüten, wobei die Farbe zur Mitte heller bis violett verlaufend ist. Der Duft ist ausgesprochen stark, die Blüten sind stark gefüllt und geviertelt. Die mehrfach ausgezeichnete Sorte eignet sich vor allem für Beete und kleine Gruppen sowie als Schnittblume. Empfehlenswert sind 4 Pflanzen pro m², wobei diese Sorte einen guten Rosenstandort braucht (volle Sonne).

Visitenkarte

Züchter
Tantau

Klassifizierung
Strauchrose

Blütezeit
Juni–September

Wuchshöhe
100–150 cm

Einführungsjahr
2001

Grand Nord®

Visitenkarte

Züchter
Delbard

Klassifizierung
Edelrose

Blütezeit
Juni–September

Wuchshöhe
120 cm

Einführungsjahr
1974

Diese bereits seit Jahrzehnten etablierte Edelrose hat konstant weiße Blüten und lässt sich somit sehr gut mit anderen Sorten kombinieren. Das Laub ist dunkelgrün, wobei die Blattgesundheit sehr gut ist. Die Sorte ist kräftig und hoch wachsend und verströmt einen leichten, sehr komplexen Duft. Grand Nord ist hitzeverträglich, pflegeleicht und wird als Duftrose sowie als Schnittrose verwendet.

Grand Siècle®

Visitenkarte

Züchter
Delbard

Klassifizierung
Strauchrose

Blütezeit
Juni–Oktober

Wuchshöhe
80–100 cm

Einführungsjahr
1977

Eine sehr elegante Sorte mit großen, dicht gefüllten rosa Blüten, welche den charakteristischen starken Rosenduft verströmen. Die Blüten erscheinen von Juni bis zum ersten Frost. Das Laub ist dunkelgrün und von zufriedenstellender Blattgesundheit. Die kräftige, bis zu 1 m hoch wachsende Sorte wurde bereits mehrfach ausgezeichnet und errang u. a. eine Goldmedaille in Paris.

Heidefeuer®

Diese Bodendeckerrose mit ihren leuchtend roten, halb gefüllten Blüten eignet sich vor allem für die Kombination mit Stauden und für die Gruppenpflanzung. Die Sorte wächst straff aufrecht und besitzt dunkelgrüne, glänzende und ledrige Blätter, die eine ausgezeichnete Blattgesundheit aufweisen. Auch der Hagebuttenansatz ist sehr dekorativ (Sommerschnitt erforderlich!). Bisweilen kann es im Verblühen zu einem Verblauen kommen.

Visitenkarte

Züchter
Noack

Klassifizierung
Bodendecker

Blütezeit
Juni–September

Wuchshöhe
50–60 cm

Einführungsjahr
1995

Heidetraum®

Visitenkarte

Züchter
Noack

Klassifizierung
Bodendecker

Blütezeit
Juni–September

Wuchshöhe
70–80 cm

Einführungsjahr
1988

Diese niedrig buschig wachsende Sorte besitzt halb gefüllte karminrosarote kleine Blüten (Durchmesser 4 cm). Sie ist außerordentlich blühfreudig und hat eine sehr gute Fernwirkung. Das Laub ist mittel- bis dunkelgrün, glänzend und ledrig mit einer ausgezeichneten Blattgesundheit. Die 1990 als ADR-Rose anerkannte Rose ist praktisch weltweit verbreitet und in zahlreichen Ländern auch unter anderen Namen bekannt (z. B. als Flower Carpet® Pink).

Heimatmelodie®

Diese öfter blühende Beetrose beeindruckt durch ihre hervorragende Gesundheit und ihren enormen Blütenreichtum. Das Zusammenspiel der interessant gezeichneten Blüten und der dunkelgrün glänzenden Blätter vermittelt einen fröhlichen und frischen Eindruck. Geeignet ist Heimatmelodie vor allem für Beete und kleine Gruppen, wobei die Sorte sehr üppig und vieltriebig wächst. Empfohlen wird die Pflanzung von 5–7 Rosen pro m^2.

Visitenkarte

Züchter
Tantau

Klassifizierung
Beetrose

Blütezeit
Juni–September

Wuchshöhe
80–100 cm

Einführungsjahr
2000

Henri Matisse®

Visitenkarte

Züchter
Delbard

Klassifizierung
Strauchrose

Blütezeit
Juni–September

Wuchshöhe
80–100 cm

Einführungsjahr
1995

Es handelt sich um eine weitere nach einem berühmten Maler benannte Sorte aus dem Sortiment der französischen Züchterdynastie Delbard. Diese sehr elegante Rose besitzt Aufsehen erregende Blüten, die sich fantasievoll in Weiß, Rosa und Rot teilen. Dabei gibt es keine zwei Blüten, die genau gleich sind. Henri Matisse wächst sehr kräftig, ist äußerst blühwillig und verströmt einen dezenten Duft nach Rosen und Himbeeren.

Herkules®

Visitenkarte

Züchter
W. Kordes' Söhne

Klassifizierung
Strauchrose

Blütezeit
Juni–September

Wuchshöhe
120 cm

Einführungsjahr
2007

Herkules ist eine sehr reich blühende Strauchrose mit stark gefüllten, nostalgischen Blüten und einem sehr starken Duft nach Birnen. Die Sorte zeigt ein sehr interessantes Farbenspiel: Aus den lavendelfarbenen Knospen entwickeln sich zart lavendelfarbene, cremerosa Blüten mit einem silbrigen Glanz. Der Wuchs ist aufrecht und buschig, die dichte dunkelgrüne Belaubung zeichnet sich durch eine sehr gute Blattgesundheit aus. Die Sorte wird bis zu 120 cm hoch.

Herzogin Friederike®

Visitenkarte

Züchter
Noack

Klassifizierung
Strauchrose

Blütezeit
Juni–November

Wuchshöhe
150 cm

Einführungsjahr
2002

Die »Herzogin« zeigt ein besonders interessantes Farbenspiel von lachsrosa Blüten mit gelber Mitte. Die eher kleinen Blüten (Durchmesser 5–6 cm) sind halb gefüllt und erscheinen in Dolden. Das Laub ist mittelgrün, glänzend und von guter Gesundheit. Diese breit buschig aufrecht wachsende Sorte hat auch einen dekorativen Hagebuttenansatz. Für einen guten Folgeflor wird ein Sommerrückschnitt empfohlen!

Impératrice Farah®

Die einer kaiserlichen Hoheit, Farah Pahlavi, gewidmete Rose besitzt schlanke Knospen, die sich zu üppigen Blüten mit gesäumten Blütenblättern entwickeln. Dies sind sternförmig, elfenbeinweiß bis cremegelb gefärbt und verströmen einen leichten, fruchtigen Duft. Die mehrfach ausgezeichnete kräftige und robuste Rose hat ein wunderschönes hellgrünes Blattwerk. Sie ist außergewöhnlich blütenreich und hält sich auch als Schnittrose in der Vase sehr lange.

Visitenkarte

Züchter
Delbard

Klassifizierung
Edelrose

Blütezeit
Juni–September

Wuchshöhe
120 cm

Einführungsjahr
1992

Innocencia®

Visitenkarte

Züchter
W. Kordes' Söhne

Klassifizierung
Beetrose

Blütezeit
Juni–Oktober

Wuchshöhe
50 cm

Einführungsjahr
2003

Innocencia ist eine ideale Beetrose für viele Verwendungsmöglichkeiten (Einzelstellung, Gruppenpflanzung, Topf und Kübel) und eignet sich auch sehr gut für das öffentliche Grün. Die Blüten erscheinen reinweiß und sind locker gefüllt, wobei pro Stiel 10–15 Blüten in Dolden auftreten. Der Wuchs ist relativ niedrig und sehr kompakt, das Laub dunkelgrün und glänzend. Die Sorte verströmt einen leichten Duft und besitzt eine gute Blattgesundheit.

Inspiration®

Die großen, gefüllten und sehr edel geformten Blüten sind außen rosa, innen lachsrosa mit Gelb. Inspiration eignet sich sowohl für Rosen- und Blumenbeete, aber auch für die Kübelpflanzung und als Schnittrose. Das mittelgrüne, leicht glänzende Laub besitzt eine gute Blattgesundheit. Diese Rose ist regenfest, hitzeverträglich und relativ pflegeleicht. Die Sorte wurde 2005 als ADR-Rose anerkannt.

Visitenkarte

Züchter
Noack

Klassifizierung
Edelrose

Blütezeit
Juni–September

Wuchshöhe
70–80 cm

Einführungsjahr
2003

Isarperle®

Visitenkarte

Züchter
Noack

Klassifizierung
Beetrose

Blütezeit
Juni–September

Wuchshöhe
70–80 cm

Einführungsjahr
2004

Diese 2004 als ADR-Rose anerkannte Sorte ist tatsächlich eine wahre Perle: Die gefüllten, cremefarbenen, innen lachsfarbenen bis zartrosa Blüten vermitteln ein äußerst interessantes Farbenspiel. Sie erscheinen in Dolden und verströmen einen mittelstarken Duft. Das Laub ist mittelgrün glänzend und von einer ausgezeichneten Blattgesundheit. Neben ihrer Verwendung als Beetrose ist die Sorte auch sehr gut für den Vasenschnitt geeignet.

Jasmina®

Diese noch sehr junge Sorte besticht durch prall gefüllte, ballförmige Blüten, die violett-rosa erscheinen und meist in Dolden von 10 bis 15 Blüten stehen. Neben dem enormen Blütenreichtum fasziniert vor allem der angenehme, kräftige Duft. Dieser sehr robuste Dauerblüher, der noch dazu eine sehr zufrieden stellende Blattgesundheit aufweist, ist bereits jetzt eine wertvolle Bereicherung des Sortiments der Kletterrosen!

Visitenkarte

Züchter
W. Kordes' Söhne

Klassifizierung
Kletterrose

Blütezeit
Juni–September

Wuchshöhe
200 cm

Einführungsjahr
2005

Johann Strauss®

Visitenkarte

Züchter
Meilland

Klassifizierung
Beetrose

Blütezeit
Juni–September

Wuchshöhe
50–70 cm

Einführungsjahr
1993

Die Blüten dieser 1993 eingeführten Beetrose sind porzellanrosa und erscheinen von Juni bis September, wobei die Sorte öfter blühend ist. Sie hat einen intensiven Duft, ist sehr hitzeverträglich und wird bis zu 70 cm hoch. Sie eignet sich gut für die Kombination mit Stauden, aber auch für Gruppenpflanzungen. Sie ist regenfest und pflegeleicht. Diese attraktive Sorte besticht neben Farbe und Duft auch durch ihre glänzend dunkelgrünen Blätter.

Juanita®

Visitenkarte

Züchter
W. Kordes' Söhne

Klassifizierung
Kleinstrauchrose

Blütezeit
Juni–September

Wuchshöhe
80 cm

Einführungsjahr
2007

Diese noch ganz junge Kleinstrauchrose besitzt den Charme einer Wildrose und eignet sich sowohl für den Privatgarten als auch für flächige Pflanzungen im öffentlichen Grün. Die einfachen Blüten erscheinen in einer kräftigen rosa Farbe und stehen meist in Dolden mit bis zu 25 Einzelblüten. Juanita ist sehr reich blühend, verströmt einen leichten, angenehmen Duft und besitzt eine extrem gute Blattgesundheit. Sie wurde 2006 als ADR-Rose anerkannt.

Jubilée du Prince de Monaco®

Visitenkarte

Züchter
Meilland

Klassifizierung
Beetrose

Blütezeit
Juni–September

Wuchshöhe
50–70 cm

Einführungsjahr
2000

Diese Rose ehrt das 50-Jahr-Regierungsjubiläum von Fürst Rainier von Monaco, wächst aufrecht buschig und wird bis zu 70 cm hoch. Sie blüht von Juni bis September und ist öfter blühend. Sie eignet sich für Gruppenpflanzungen, aber auch für Rosen- und Blumenbeete. Sehr hitzeverträglich und regenfest. Die Sorte hat sehr attraktive weiße Blüten mit rotem Rand, wobei an einem Stiel 3–5 Blüten zu finden sind.

Kir Royal®

Kir Royal ist eine stark wachsende Kletterrose, die 2002 als ADR-Rose anerkannt wurde. Die Blüten sind mittelgroß, gut gefüllt, seidenrosa und verströmen einen leichten Duft. Die Sorte ist öfter blühend, wobei der Hauptflor stark ist und die Rose dann schwächer nachblüht. Bemerkenswert ist die außerordentliche Frosthärte. Der Wuchs ist aufrecht und kräftig, die Verwendung reicht von der Einzel- bis zur Gruppenpflanzung.

Visitenkarte

Züchter
Meilland

Klassifizierung
Kletterrose

Blütezeit
Juni–Oktober

Wuchshöhe
200–300 cm

Einführungsjahr
1995

Kosmos®

Visitenkarte

Züchter
W. Kordes' Söhne

Klassifizierung
Beetrose

Blütezeit
Juni–September

Wuchshöhe
80 cm

Einführungsjahr
2006

Diese Sorte hat ihren Namen aufgrund der guten Zusammenarbeit zwischen der Rosenschule W. Kordes und dem Kosmos-Verlag erhalten. Es handelt sich um eine breitbuschig wachsende Beetrose, die stark gefüllte, nostalgisch anmutende, cremeweiße Blütenschalen besitzt. Die noch sehr junge Sorte zeichnet sich durch einen sehr harmonischen Wuchs, einen zarten, angenehmen Duft und ihre sehr gute Blattgesundheit aus.

Kronjuwel®

Diese ausgezeichnete Sorte besitzt dunkelrote, halb gefüllte, schalenförmige Blüten, die in Dolden erscheinen. Sie sind öfter blühend und farbbeständig, wobei die Farbe nicht in der Sonne verbrennt. Das Laub ist mittel- bis dunkelgrün und von einer ausgezeichneten Blattgesundheit. Die extrem hitzeverträgliche Sorte bevorzugt in Rosen- oder Blumenbeeten einen vollsonnigen Standort!

Visitenkarte

Züchter
Noack

Klassifizierung
Beetrose

Blütezeit
Juni–September

Wuchshöhe
60 cm

Einführungsjahr
1997

Laguna®

Visitenkarte

Züchter
W. Kordes' Söhne

Klassifizierung
Kletterrose

Blütezeit
Juni–September

Wuchshöhe
250 cm

Einführungsjahr
2004

Das Auffallendste an dieser noch jungen Sorte ist neben ihren nostalgischen Blüten in kräftigem Pink vor allem ihr stark ausgeprägter, fruchtiger Duft. Die sehr stark gefüllten Blüten stehen in Dolden von 6–8 Blüten. Die bis zu 2,5 m hoch und bis zu 1 m breit wachsende Sorte besitzt aber auch eine ausgezeichnete Blattgesundheit und ist u. a. sehr resistent gegen Mehltau und Sternrußtau.

La Nina®

Eine Edelrose mit hellrosa Blüten, die auf starken, geraden Stielen sitzen, wobei auf einem Stiel 3–5 Blüten erscheinen. Die Blüten sind relativ groß (Durchmesser 8–9 cm), der Duft ist leicht. Bemerkenswert an dieser Sorte sind die außergewöhnliche Robustheit und Widerstandsfähigkeit gegenüber Krankheiten. Die Sorte hat ihren Namen von einer der Caravellen des Christoph Columbus und wird für die Gruppen- und Flächenpflanzung verwendet.

Visitenkarte

Züchter
Meilland

Klassifizierung
Edelrose

Blütezeit
Juni–September

Wuchshöhe
60–80 cm

Einführungsjahr
2004

La Paloma®

Diese leicht duftende Sorte blüht über den ganzen Sommer und beeindruckt vor allem durch ihre sehr großen und stark gefüllten Blüten (Durchmesser: 10–12 cm). Die Farbe ist Reinweiß und bildet einen attraktiven Kontrast zu den lederartigen, frischgrünen Blättern. La Paloma wächst buschig und erreicht eine mittlere Höhe. Sie eignet sich für Beete und kleinere Gruppen, wobei die Pflanzung von 5–7 Rosen pro m^2 empfohlen wird. Die Sorte ist mittlerweile bereits seit über zwei Jahrzehnten etabliert.

Visitenkarte

Züchter
Tantau

Klassifizierung
Beetrose

Blütezeit
Juni–September

Wuchshöhe
50–70 cm

Einführungsjahr
1985

Lavaglut®

Visitenkarte

Züchter
W. Kordes' Söhne

Klassifizierung
Beetrose

Blütezeit
Juni–September

Wuchshöhe
bis zu 60 cm

Einführungsjahr
1979

Es handelt sich um eine reich blühende Sorte mit samtig schwarzroten, gefüllten Blüten. Diese blühen von Juni bis September und sind öfter blühend. Die 1979 eingeführte Sorte duftet angenehm nach Wildrosen und eignet sich besonders für Gruppenpflanzungen und Rosenbeete. An besonders hellen Standorten erstrahlen die Blüten in voller Pracht. In Südafrika ist die Rose unter dem Namen »Lava Glow« bekannt, in Großbritannien unter dem Namen »Intrigue«.

Lawinia®

Visitenkarte

Züchter
Tantau

Klassifizierung
Kletterrose

Blütezeit
Juni–September

Wuchshöhe
200–300 cm

Einführungsjahr
1980

Lawinia besitzt große, leuchtend rosafarbene, gefüllte Blüten. Die Blütezeit ist von Juni bis September (öfter blühend). Die Sorte wird bis zu 3 m hoch und eignet sich sowohl für die Einzelstellung als auch für Rankgerüste. Lawinia ist sehr hitzeverträglich und wetterbeständig und verströmt einen starken fruchtigen Duft. Die Sorte zählt zu den allerbesten Kletterrosen und besticht unter anderem auch durch ihr attraktives Laub.

Leonardo da Vinci®

Die 1993 eingeführte Sorte ist sehr reich blühend und auch für raue Lagen geeignet. Sie wächst aufrecht buschig und wird bis zu 1 m hoch. Die dunkelrosa, dicht gefüllten Blüten erscheinen von Juni bis September und sind öfter blühend. Die Sorte ist pflegeleicht und wird gerne als Schnittrose oder in Kombination mit Stauden verwendet. Die Blütenrosetten haben die Form Alter Rosen, wodurch diese unempfindliche Sorte ein nostalgisches Aussehen erhält.

Visitenkarte

Züchter
Meilland

Klassifizierung
Beetrose

Blütezeit
Juni–September

Wuchshöhe
40–100 cm

Einführungsjahr
1993

Liebeslied®

Visitenkarte

Züchter
Noack

Klassifizierung
Beetrose

Blütezeit
Juni–September

Wuchshöhe
70 cm

Einführungsjahr
1990

Diese Sorte mit dem wunderschönen Namen fasziniert durch ihre edel geformten, pastellrosa Blüten. Diese sind gefüllt, erscheinen in Dolden und haben einen Durchmesser von ca. 8 cm. Die Sorte hat dunkelgrünes, glänzendes, ledriges Laub von einer guten Blattgesundheit. Neben ihrer Verwendung in Rosen- oder Blumenbeeten eignet sich diese attraktive, bis zu 70 cm hoch wachsende Rose auch sehr gut für den Vasenschnitt.

Lions Rose®

Visitenkarte

Züchter
W. Kordes' Söhne

Klassifizierung
Beetrose

Blütezeit
Juni–September

Wuchshöhe
60 cm

Einführungsjahr
2002

Diese Beetrose fasziniert durch ihre eleganten cremeweißen Blüten, die beim Aufblühen noch einen Hauch von Apricot und Rosa erhalten. Sie erscheinen zumeist in Dolden von 3–5 Blüten. Die aufrecht buschig wachsende Sorte wurde 2002 als ADR-Rose anerkannt, ist sehr hitzeverträglich und eignet sich sowohl für die Einzelpflanzung als auch für kleinere Gruppen. Das dicht stehende, leicht glänzende Laub erfreut sich einer sehr hohen Blattgesundheit.

Lisa®

Diese Beetrose fasziniert durch ihre intensiv gelben Blüten, die sehr schön mit dem mittel- bis dunkelgrünen, glänzenden Laub harmonieren. Sie sind gefüllt und erscheinen in Dolden, wobei die Knospen orangegelb sind. Beim Verblühen erscheinen sehr interessante Farbnuancen bis Apricot. Diese breit buschig wachsende, hitzeverträgliche Sorte eignet sich sowohl für Rosen- und Blumenbeete als auch für die Kübelbepflanzung.

Visitenkarte

Züchter
Noack

Klassifizierung
Beetrose

Blütezeit
Juni–September

Wuchshöhe
70 cm

Einführungsjahr
2003

Little Sunset®

Es handelt sich um eine noch sehr junge Sorte, die vor allem durch ihre attraktive Färbung (gut gefüllte gelbe Blüten mit rotem Rand) ins Auge sticht. Der Wuchs ist aufrecht und sehr harmonisch (40 cm Höhe und Breite). Die Sorte ist sowohl für den Garten als auch für den Topf geeignet. Auffallend ist die für eine Zwergrose bemerkenswerte Resistenz gegen Pilzkrankheiten. Auch sonst ist die Blattgesundheit sehr zufrieden stellend.

Visitenkarte

Züchter
W. Kordes' Söhne

Klassifizierung
Zwergrose

Blütezeit
Juni–September

Wuchshöhe
40 cm

Einführungsjahr
2007

Loredo®

Visitenkarte

Züchter
Noack

Klassifizierung
Bodendecker

Blütezeit
Juni–September

Wuchshöhe
60–70 cm

Einführungsjahr
2002

Diese Bodendeckerrose besitzt leuchtend gelbe Blüten, die halb gefüllt sind und in Dolden erscheinen. Sie sind öfter blühend, farbbeständig und erreichen einen Durchmesser von ca. 5 cm. Die Sorte wächst straff aufrecht, das Laub ist mittel- bis dunkelgrün, glänzend und von guter Gesundheit. Loredo wurde im Jahr 2001 als ADR-Rose anerkannt. Die Sorte verströmt einen leichten Duft.

Lovely Green®

Diese Beetrose fasziniert durch ihre sehr interessant gefärbten, cremeweiß bis grünlichen Blüten (Durchmesser ca. 5 cm), die sehr stark gefüllt sind, wobei die Blüten eine sehr lange Haltbarkeit besitzen. Die Blattgesundheit ist sehr gut, die Anzahl der Blüten pro Stiel beträgt 5–8. Lovely Green wird bis zu 70 cm hoch, eignet sich vor allem für die Gruppenpflanzung, ist aber auch eine ausgezeichnete Freiland-Schnittrose.

Visitenkarte

Züchter
Meilland

Klassifizierung
Beetrose

Blütezeit
Juni–September

Wuchshöhe
60–70 cm

Einführungsjahr
2004

Lovely Meidiland®

Diese attraktive Beetrose besitzt hellrosa Blüten, die stark gefüllt sind und in einer Anzahl von 5–8 pro Stiel erscheinen. Die Sorte ist ideal für den Hausgarten und deckt den Boden sehr schnell ab. Bemerkenswert ist auch die gute Blattgesundheit (vor allem die Resistenz gegen Mehltau) und die große Frosthärte. Lovely Meidiland eignet sich sehr gut für die Gruppen- und Flächenpflanzung, ist aber auch eine gute Containerrose.

Visitenkarte

Züchter
Meilland

Klassifizierung
Beetrose

Blütezeit
Juni–Oktober

Wuchshöhe
40–50 cm

Einführungsjahr
1999

Lupo®

Visitenkarte

Züchter
W. Kordes' Söhne

Klassifizierung
Zwergrose

Blütezeit
Juni–September

Wuchshöhe
50 cm

Einführungsjahr
2006

Lupo ist eine buschig wachsende Zwergrose mit intensiv leuchtenden, ungefüllten Blüten, die in den Farben Dunkellila bis Karminrot erscheinen. Diese sind äußerst widerstandsfähig, was Regen und Hitze betrifft. Auch die Blattgesundheit ist sehr zufrieden stellend. Im Herbst besticht die Sorte durch ihren attraktiven Hagebuttenschmuck. Diese öfter blühende Zwergrose eignet sich vor allem auch für flächige Pflanzungen.

Madame Delbard®

Eine majestätisch wirkende Edelrose, deren dicke Knospen sich zu großen Blüten mit kräftigen, samtigen Blütenblättern entwickeln. Sie haben eine leuchtende tiefrote Farbe, die bis zum Verblühen konstant bleibt. Die Blätter sind dunkelgrün und von zufrieden stellender Gesundheit. Die bis zu 1 m hoch wachsende Madame Delbard ist regenfest, hitzeverträglich und als Schnittrose besonders lange haltbar.

Visitenkarte

Züchter
Delbard

Klassifizierung
Edelrose

Blütezeit
Juni–September

Wuchshöhe
80–100 cm

Einführungsjahr
1975

Madame Figaro®

Diese reich blühende Sorte wurde nach der französischen Frauenzeitschrift »Madame Figaro« benannt und besitzt perfekt geformte blassrosa Blüten, die nach innen etwas dunkler werden. Die leicht buschig wachsende Sorte hat eine sehr lange Blütezeit und verströmt einen starken, sehr markanten Duft. Die außergewöhnliche Madame Figaro hat ein dunkelgrünes Laub, ist sehr robust, hitzeverträglich und relativ pflegeleicht.

Visitenkarte

Züchter
Delbard

Klassifizierung
Strauchrose

Blütezeit
Juni–September

Wuchshöhe
100 cm

Einführungsjahr
2002

Mainzer Fastnacht®

Visitenkarte

Züchter
Tantau

Klassifizierung
Edelrose

Blütezeit
Juni–Oktober

Wuchshöhe
80–100 cm

Einführungsjahr
1964

Diese weltweit bekannte Edelrose ist bereits seit Jahrzehnten etabliert und besticht durch die einzigartige Kombination aus Duft, Farbe und Gesundheit. Die Blüten sind groß (Durchmesser 8–10 cm), elegant und von einer außergewöhnlichen, silbrigen Fliederfarbe. Das Laub ist frisch und hellgrün. Sehr geschätzt wird auch die Blattgesundheit und die absolute Winterhärte. Mainzer Fastnacht eignet sich sowohl als Beetrose als auch für den Vasenschnitt.

Malicorne®

Diese Rose ist eine Hommage an Malicorne im Departement Allier, dem Geburtsort des Züchters Georges Delbard und Stammsitz der gleichnamigen Baumschule. Die Sorte zeichnet sich durch ein exquisites und weltweit einmaliges Farbenspiel aus: Das tiefdunkle Bordeaux verändert sich durch die Intensität der Lichteinstrahlung fast bis ins Schwarze. Die Blüten sind locker gefüllt, blühen von Juni bis zum Frost und verströmen einen zarten Duft. Malicorne ist sehr robust und besitzt eine natürliche Resistenz gegen Krankheiten.

Visitenkarte

Züchter
Delbard

Klassifizierung
Edelrose

Blütezeit
Juni–Oktober

Wuchshöhe
80–100 cm

Einführungsjahr
2002

Mamy Blue®

Visitenkarte

Züchter
Delbard

Klassifizierung
Edelrose

Blütezeit
Juni–September

Wuchshöhe
80–100 cm

Einführungsjahr
1991

Die malvenfarbenen Blätter dieser außergewöhnlichen Sorte kommen der Farbe Blau schon relativ nahe, vor allem an bewölkten Tagen. Die Blüten sind gefüllt, edel geformt und verströmen einen intensiven, frischen und süßen Duft. Die Sorte ist sehr blütenreich, gut verzweigt und resistent gegenüber Krankheiten. Das Laub ist mittelgrün und sehr gesund. Als Schnittblume hält sich die Rose 10 bis 15 Tage lang.

Marie Curie®

Diese Rose hat rosa bis aprikotfarbene, gut gefüllte Blüten mit 5–7 Blüten pro Stiel und 30–35 Blütenblätter pro Blüte. Sie besitzt einen wohlriechenden, dezenten Duft. Die Blütezeit ist von Mai bis Oktober. Die Sorte hat einen buschigen, aufrechten Wuchs und wurde 1997 eingeführt. Sie ist regenfest, hitzeverträglich und als Schnittrose sowie für Beete und Gruppenbepflanzungen geeignet. Benannt wurde sie nach der berühmten Wissenschaftlerin und Nobelpreisträgerin.

Visitenkarte

Züchter
Meilland

Klassifizierung
Beetrose

Blütezeit
Mai–Oktober

Wuchshöhe
40–60 cm

Einführungsjahr
1997

Mary Rose®

Visitenkarte

Züchter
Austin

Klassifizierung
Strauchrose

Blütezeit
Mai–September

Wuchshöhe
bis zu 120 cm

Einführungsjahr
1983

Diese Rose wächst strauchartig und wird bis zu 1,2 m hoch. Die rosa gefüllten Blüten erscheinen von Mai bis September und sind öfter blühend. Mary Rose eignet sich für Gruppen- und Einzelpflanzung. Sie ist pflegeleicht, regenfest, sehr hitzefest und verströmt einen angenehmen Duft nach Honig und Mandeln. Die mittelgroßen Blüten sind dicht gefüllt und verleihen der Sorte ein Aussehen wie Alte Rosen. Mary Rose kann auch als Kübelpflanze verwendet werden und ist als Schnittblume besonders lange haltbar!

Matthias Meilland®

Visitenkarte

Züchter
Meilland

Klassifizierung
Beetrose

Blütezeit
Juni–September

Wuchshöhe
50–70 cm

Einführungsjahr
1987

Die leuchtrot blutroten Blüten erscheinen von Juni bis September und sind öfter blühend. Die Sorte wächst buschig, kräftig und wird bis zu 70 cm hoch. Da sie regenfest und hitzeverträglich ist, eignet sie sich auch für raue Lagen. Vor allem die Fernwirkung ist sehr gut. Eignet sich für Gruppen- und Flächenpflanzung. Der Züchter Alain Meilland benannte diese robuste Sorte mit ihren orangeroten, leuchtenden Blüten nach seinem Sohn.

Maurice Utrillo®

Diese Rose ist eine Hommage an den Maler und Bildhauer Maurice Utrillo, der einen sehr eigenwilligen, kaum einzuordnenden Stil pflegte. Die großen, leicht duftenden Blüten faszinieren durch ein lebhaftes Rot, das mit gelben Streifen und weißen Flecken verziert ist. Diese Sorte ist ausgesprochen krankheitsresistent und reich blühend. Sie blüht bereits sehr früh, duftet zudem sehr gut und wird bis zu 80 cm hoch.

Visitenkarte

Züchter
Delbard

Klassifizierung
Beetrose

Blütezeit
Mai–Oktober

Wuchshöhe
80 cm

Einführungsjahr
2003

Maxim®

Diese 1993 eingeführte Sorte bezaubert vor allem durch ihre Zweifarbigkeit. Die karminroten Knospen entwickeln sich zu großen, gut duftenden Blüten. Beim Erblühen erscheinen immer stärker die cremefarbigen Innenpetalen. Maxim eignet sich gut als Schnittblume und als sehr robuste Sorte für den Gartenbereich. Sie beeindruckt neben der attraktiven Zweifarbigkeit vor allem durch den starken Wuchs und die schlanken Knospen. Die Rose hat ihren Namen übrigens anlässlich des 100. Geburtstages des berühmten Pariser Restaurants erhalten.

Visitenkarte

Züchter
Tantau

Klassifizierung
Edelrose

Blütezeit
Juni–September

Wuchshöhe
80–100 cm

Einführungsjahr
1993

Medley Pink®

Visitenkarte

Züchter
Noack

Klassifizierung
Beetrose

Blütezeit
Juni–September

Wuchshöhe
30–40 cm

Einführungsjahr
2002/03

Medley Pink ist eine sehr klein wachsende Beetrose mit kleinen (Durchmesser 4 cm), halb gefüllten, in Dolden erscheinenden und öfter blühenden Blüten. Das Laub ist mittel- bis dunkelgrün, glänzend und von sehr guter Blattgesundheit. Die Sorte ist reich blühend und eignet sich vor allem für kleine Gärten und die Bepflanzung von Kübeln. Medley Pink wurde 2006 als ADR-Rose anerkannt.

Medley Red®

Diese kleinwüchsige Beetrose hat kleine (Durchmesser 5 cm), halb gefüllte, öfter blühende und in Dolden erscheinende Blüten. Im Verblühen ist ein Verblauen möglich. Das Laub ist mittel- bis dunkelgrün, glänzend und von guter Blattgesundheit. Die Sorte ist regenfest, hitzeverträglich und eignet sich vor allem für kleine Gärten und die Bepflanzung von Kübeln oder Balkonkästen.

Visitenkarte

Züchter
Noack

Klassifizierung
Beetrose

Blütezeit
Juni–September

Wuchshöhe
30–40 cm

Einführungsjahr
2002/03

Memoire®

Visitenkarte

Züchter
W. Kordes' Söhne

Klassifizierung
Edelrose

Blütezeit
Juni–September

Wuchshöhe
bis zu 80 cm

Einführungsjahr
1992

Diese Edelrose wurde 1992 eingeführt und zeichnet sich durch ihre reinweißen, cremefarben schattierten, gefüllten und großen Blüten aus. Diese blühen von Juni bis September und sind öfter blühend. Memoire wächst buschig und wird bis zu 80 cm hoch. Sie ist eine typische «Brautrose«, hitzeverträglich und mittelstark duftend. Die Farbe bleibt bis zum Verblühen unverändert!

Messire Delbard®

Visitenkarte

Züchter
Delbard

Klassifizierung
Kletterrose

Blütezeit
Juni–September

Wuchshöhe
250–300 cm

Einführungsjahr
1976

Messire Delbard ist eine besonders reich blühende, regenfeste und hitzeverträgliche Kletterrose, die den Sommer über praktisch laufend mit sehr großen, dicht gefüllten, karminrot-samtigen Blüten bedeckt ist. Die Sorte ist sehr robust und hat ein sehr gesundes, glänzend grünes Blattwerk. Diese kräftig wachsende Rose zählt schon seit Jahrzehnten zu den qualitativ hochwertigsten Kletterrosen.

Michka®

Diese aufrecht buschig wachsende Sorte zeichnet sich durch ihre goldgelben, gefüllten Blüten aus, die von Juni bis September erscheinen und öfter blühend sind. Sie wird bis zu 1,5 m hoch, sehr blühwillig und pflegeleicht. Für Einzelstellung oder in der Gruppe geeignet, auch für regenreiche Gebiete. Die Blüten erscheinen in einer Zahl von 3-5 pro Stiel und haben die Form von Edelrosen.

Visitenkarte

Züchter
Meilland

Klassifizierung
Strauchrose

Blütezeit
Juni–September

Wuchshöhe
120–150 cm

Einführungsjahr
1998

Mirato®

Diese breit buschig wachsende und bogig überhängende Sorte wird bis zu 70 cm hoch und besitzt leuchtend rosarote gefüllte Blüten. Sie blüht von Juni bis zum ersten Frost und ist öfter blühend. Sie ist ideal für den Hausgarten und braucht auch mindestens 5 Stunden Sonne. Die hitzeverträgliche Pflanze wurde im Jahr 1990 eingeführt und wurde im Jahr 1993 als ADR-Rose anerkannt. Sie besticht durch ihre leuchtenden Blüten und die glänzenden Blätter.

Visitenkarte

Züchter
Tantau

Klassifizierung
Bodendecker

Blütezeit
Juni–September

Wuchshöhe
60–70 cm

Einführungsjahr
1990

Mitsouko®

Visitenkarte

Züchter
Delbard

Klassifizierung
Beetrose

Blütezeit
Juni–September

Wuchshöhe
60–80 cm

Einführungsjahr
1971

Diese bereits seit Jahrzehnten etablierte Rose zeichnet sich sowohl durch ihren verführerischen Duft (Kräuter, Veilchen, Himbeere) als auch durch ihr außergewöhnliches Farbenspiel aus. Sie besitzt goldgelbe Blüten mit karminrotem Rand, wobei das Herz der Blüte von weichen, grazilen Blütenblättern umgeben ist. Die Blätter sind kräftig, glänzend und sehr robust. Die Sorte wurde bereits mehrfach ausgezeichnet (z. B. Paris und Lyon).

Momo®

Visitenkarte

Züchter
Noack

Klassifizierung
Kletterrose

Blütezeit
Juli–Oktober

Wuchshöhe
250 cm

Einführungsjahr
1994

Diese öfter- und spät blühende Kletterrose besitzt sehr kleine (Durchmesser 4 cm), gefüllte rispenförmig angeordnete Blüten. Sie sind dunkelrot bis karminrot. Das Laub ist dunkelgrün glänzend. Der Austrieb der Triebe und Blätter ist rötlich gefärbt, wobei sich auch die Blätter im Herbst rötlich verfärben. Der Wuchs von Momo ist buschig, die Triebe sind fein und biegsam, die Blütenrispen überhängend.

Monica®

Diese 1986 eingeführte Sorte ist stark aufrecht wachsend und hat lange, kräftige Stiele. Die Knospen erscheinen kupferrotgelb die orange-gelben Blüten erscheinen dann den ganzen Sommer lang sehr zahlreich. Die Blume ist leicht duftend und eignet sich sehr gut für den Vasenschnitt. Sie wächst buschig und gut verzweigt, wobei die Knospen schlank sind und die Stele lang und kräftig.

Visitenkarte

Züchter
Tantau

Klassifizierung
Edelrose

Blütezeit
Juni–September

Wuchshöhe
80–100 cm

Einführungsjahr
1986

Moonlight®

Diese erst vor kurzer Zeit eingeführte Sorte hat ihren Namen wegen ihrer zitronengelben Blüten mit rosa Hauch erhalten, die im Verblühen heller werden. Die Sorte ist starkwüchsig und weist eine sehr gute Blattgesundheit auf. Sie besitzt sehr viele Grundtriebe und erreicht eine Höhe von bis zu 2,5 m. Die Blüten erreichen einen Durchmesser von bis zu 12 cm und haben einen angenehmen, fruchtigen Duft!

Visitenkarte

Züchter
W. Kordes' Söhne

Klassifizierung
Kletterrose

Blütezeit
Juni–September

Wuchshöhe
250 cm

Einführungsjahr
2004

Montana®

Visitenkarte

Züchter
Tantau

Klassifizierung
Beetrose

Blütezeit
Juni–September

Wuchshöhe
60–80 cm

Einführungsjahr
1974

Es handelt sich um eine weltweit bekannte, sehr robuste Beetrose, die besonders leuchtend rote Blüten besitzt. Die Pflanze ist sehr wetterfest und blüht den ganzen Sommer über sehr reichlich. Sie ist mittelhoch mit dunkelgrünen, glänzenden Blättern. Beliebt ist Montana vor allem wegen ihrer Robustheit und Blühstärke. Sie eignet sich für Beete bzw. kleine Gruppen und zählt mittlerweile bereits seit Jahrzehnten zu den Spitzenreitern im Bereich roter Beetrosen!

Mozart®

Diese bewährte Sorte wurde bereits im Jahr 1937 eingeführt und ist damit ein echter »Evergreen«. Die Pflanze ist breitbuschig und wird nur ca. 80 cm hoch. Die zierlichen, kleinen Blüten sind rosa mit weißem Auge und rötlichem Rand. Mozart ist eine sehr beliebte Strauchrose, die reich blühend und sehr robust ist. Die beliebte Sorte hat den Charakter von Wildrosen und eignet sich sowohl als Bodendecker als auch für die Einzelstellung.

Visitenkarte

Züchter
Lambert

Klassifizierung
Strauchrose

Blütezeit
Juni–September

Wuchshöhe
60–100 cm

Einführungsjahr
1937

Nahéma®

Visitenkarte

Züchter
Delbard

Klassifizierung
Kletterrose

Blütezeit
Juni–September

Wuchshöhe
250–300 cm

Einführungsjahr
1998

Diese Kletterrose wurde nach dem gleichnamigen Parfum benannt und besitzt kugelige, dicht gefüllte, sehr weiche hellrosa Blüten. Der Duft ist sehr facettenreich und setzt sich aus Rosen- und Fruchtnuancen mit einem Hauch von Zitronenkraut zusammen. Die Sorte ist hitzeverträglich, krankheitsresistent und auch relativ winterhart. Aufgrund des sagenhaften Duftes sollte im Garten unbedingt eine Sitzgelegenheit in der Nähe dieser Rose vorhanden sein!

Nemo®

Visitenkarte

Züchter
Noack

Klassifizierung
Bodendecker

Blütezeit
Juni–September

Wuchshöhe
80–100 cm

Einführungsjahr
2001

Diese buschig wachsende Bodendeckerrose hat einfache kleine weiße Blüten, die rispenmäßig angeordnet sind. Die Sorte ist öfter blühend mit einem starken ersten Flor. Sehr attraktiv wirken die auffallend leuchtenden gelben Staubgefäße und die zartrosa gefärbten Knospen. Das Laub ist mittelgrün glänzend und weist eine sehr gute Blattgesundheit auf. Nemo eignet sich auch für die Heckenpflanzung und wurde 2000 als ADR-Rose anerkannt.

Neon®

Neon besitzt karminrosa, halb gefüllte Blüten, die von Juni bis September erscheinen und öfter blühen. Sie wächst aufrecht und wird bis zu 60 cm hoch. Die Pflanze ist pflegeleicht und für Rosen- und Blumenbeete geeignet. Sie wächst auch im Halbschatten, braucht aber mindestens 5 Stunden Sonne. Diese Sorte wurde bereits 1999 als ADR-Rose anerkannt und besticht durch ihren starken ersten Flor.

Visitenkarte

Züchter
W. Kordes' Söhne

Klassifizierung
Beetrose

Blütezeit
Juni–September

Wuchshöhe
bis zu 60 cm

Einführungsjahr
2001

Othello®

Visitenkarte

Züchter
Austin

Klassifizierung
Strauchrose

Blütezeit
Juli–September

Wuchshöhe
100–150 cm

Einführungsjahr
1986

Othello hat wunderschöne karminrote und dicht gefüllte Blüten. Die Blütezeit ist von Juli bis September (öfter blühend). Sie wächst aufrecht und wird bis zu 1,5 m hoch. Die Sorte ist hitzeverträglich und eignet sich für Einzel- und Gruppenpflanzung. Sie verströmt einen angenehmen Duft und eignet sich auch als Schnittblume. Die stark gefüllten Blüten sind von einem dunklen Karminrot und nehmen beim Verblühen Purpurtöne an. Die Sorte kann auch als Kübelpflanze verwendet werden.

Papageno®

Visitenkarte

Züchter
McGredy

Klassifizierung
Beetrose

Blütezeit
Juni–September

Wuchshöhe
50–70 cm

Einführungsjahr
1989

Papageno ist eine kompakt buschige, kräftig wachsende Sorte, die bis zu 70 cm hoch wird. Die großen Blüten sind dunkelrot mit unregelmäßigen weißen Streifen. Die Sorte blüht von Juni bis September und ist öfter blühend. Sie ist hitzeverträglich und eignet sich gut als Schnittrose. Diese attraktive und wunderschön gezeichnete Sorte vermittelt einen nostalgischen und romantischen Eindruck.

Pascali®

Die Sorte Pascali ist blendend weiß, wobei sich die edlen Knospen zu großen, gut gefüllten, rosettenförmigen Blüten öffnen. Pascali blüht von Juni bis zum Frost und beeindruckt durch Robustheit, Gesundheit und Duft. Sie ist durch ihre Haltbarkeit gut geeignet für Vasenschnitt und wurde als »Weltrose« ausgezeichnet. Die reinweiße Farbe ist nahezu einmalig!

Visitenkarte

Züchter
L. Lens

Klassifizierung
Edelrose

Blütezeit
Juni–September

Wuchshöhe
bis zu 70 cm

Einführungsjahr
1963

Paul Cézanne®

Eine weitere so genannte »Malerrose« aus dem Sortiment der berühmten französischen Züchterdynastie Delbard. Diese eher kleinwüchsige Sorte besitzt gelbe Knospen, die sich später zu Blüten in einem Farbenspiel aus Orange, Weiß, Rosa und Ockergelb entwickeln. Sie verströmen einen Duft nach Orangen und Birnen. Paul Cézanne eignet sich vor allem für kleine Gärten, Beete und Rabatten, aber auch für größere Pflanzgefäße auf Balkon und Terrasse.

Visitenkarte

Züchter
Delbard

Klassifizierung
Beetrose

Blütezeit
Juni–September

Wuchshöhe
60 cm

Einführungsjahr
1992

Paul Richard®

Visitenkarte

Züchter
Meilland

Klassifizierung
Edelrose

Blütezeit
Juni–September

Wuchshöhe
50–70 cm

Einführungsjahr
1991

Auffallend an dieser etwas sensiblen Edelrose sind die großen (Durchmesser 10–12 cm), gefüllten, bernsteinfarbigen Blüten. Diese verströmen einen sehr intensiven, frischen und angenehmen Duft nach Anis. Das macht die Sorte auch einzigartig, denn es gibt in der Rosenwelt keine vergleichbare Duftnote. Paul Ricard eignet sich sowohl für die Einzel- als auch die Gruppenpflanzung und ist eine sehr gute Vasenrose.

Pepita®

Die stark gefüllten, kräftig pinken Blüten verleihen dieser Sorte ein märchenhaftes Aussehen. Die noch sehr junge, öfter blühende Rose hat bereits zahlreiche Auszeichnungen erlangt und wurde 2004 als ADR-Rose anerkannt. Pepita besticht durch die sehr hohe Blattgesundheit, die langlebigen Blüten und die überreiche Blütenfülle. Auch ist sie gut nachtreibend und zählt bereits heute zu den zierlichsten und lieblichsten Zwergrosen.

Visitenkarte

Züchter
W. Kordes' Söhne

Klassifizierung
Zwergrose

Blütezeit
Juni–September

Wuchshöhe
50 cm

Einführungsjahr
2004

Perle Noir®

Visitenkarte

Züchter
Delbard

Klassifizierung
Edelrose

Blütezeit
Juni–September

Wuchshöhe
100 cm

Einführungsjahr
1975

Diese dunkelrote, rotschwarz gesäumte Rose besitzt die seltene Eigenschaft, in der Sonne nicht zu verbrennen, da sie das Licht absorbiert. Durch ihre dunkle Farbe ist sie ein spektakulärer Blickfang im Garten. Aus den beinahe schwarzen Knospen entwickeln sich dunkelrote Blüten, die sehr gut mit dem mattgrünen Blattwerk harmonieren. Diese faszinierende Sorte ist bereits seit über drei Jahrzehnten auf dem Markt.

Phlox Meidiland®

Es handelt sich um eine Kleinstrauchrose, die durch ihre kleinen (Durchmesser 3 cm), kräftig rosafarbenen wildrosenähnlichen Blüten fasziniert. Die Sorte ist außerordentlich robust sowie frosthart und wurde 2001 als ADR-Rose anerkannt. Sie kann sowohl für die Einzel-, Gruppen- sowie Flächenpflanzung verwendet werden. Eine ideale Rose also für den Hausgarten, aber auch für das öffentliche Grün.

Visitenkarte

Züchter
Meilland

Klassifizierung
Kleinstrauchrose

Blütezeit
Juni–September

Wuchshöhe
60–80 cm

Einführungsjahr
2000

Pigalle®

Visitenkarte

Züchter
Meilland

Klassifizierung
Beetrose

Blütezeit
Juni–September

Wuchshöhe
60–80 cm

Einführungsjahr
1984

Pigalle besitzt zweifarbige, gelbe und rote Blüten, die von Juni bis September erscheinen und öfter blühen. Der Wuchs ist aufrecht buschig und kann eine Höhe von bis zu 80 cm erreichen. Die Sorte ist sehr hitzeverträglich, regenfest und daher für praktisch alle Klimalagen geeignet. Die Sorte wird vor allem für Gruppenpflanzungen verwendet.

Pimprenelle®

Diese charmante Strauchrose mit Wildrosencharakter besitzt leuchtend gelbe Blüten, die locker gefüllt sind und von Juni bis zum ersten Frost sehr üppig erscheinen. Sie harmonisieren sehr gut mit dem dunkelgrünen Laub. Die Sorte ist öfter blühend, hitzeverträglich und regenfest. Pimprenelle besticht durch die Eleganz der Blütenblätter, Staubblätter und Stempel und wurde u. a. mit der Silbermedaille in Paris-Bagatelle 1995 ausgezeichnet.

Visitenkarte

Züchter
Delbard

Klassifizierung
Strauchrose

Blütezeit
Juni–Oktober

Wuchshöhe
80 cm

Einführungsjahr
1997

Pink Meidiland®

Diese 1987 als ADR-Rose anerkannte Sorte besitzt ungefüllte, lachsrosa Blüten mit Wildrosencharakter. Dank ihrer Dauerblüte bietet sie mit ihren goldgelben Staubgefäßen den ganzen Sommer über Pollen für Bienen und Hummeln. Damit übertrifft sie Wildarten an Produktivität bei weitem. Zudem setzt sie im Herbst auch Hagebutten an. Verwendet wird Pink Meidiland sowohl für die Gruppen- als auch die Flächenpflanzung.

Visitenkarte

Züchter
Meilland

Klassifizierung
Kleinstrauchrose

Blütezeit
Juni–September

Wuchshöhe
90–100 cm

Einführungsjahr
1984

Pink Swany®

Visitenkarte

Züchter
Meilland

Klassifizierung
Beetrose

Blütezeit
Juni–Oktober

Wuchshöhe
50–60 cm

Einführungsjahr
2003

Diese vielfältig verwendbare Sorte (Einzel-, Gruppen- und Flächenpflanzung) besitzt, wie der Name schon sagt, kräftig rosa Blüten. Diese sind von nostalgischem Flair und stark gefüllt. Der Wuchs ist buschig und kompakt, die Blattgesundheit sehr bemerkenswert. Hervorzuheben ist vor allem die große Frosthärte. Die bis zu 60 cm hoch wachsende Pink Swany ist eine sehr gute Beet- und Gruppenrose und wurde 2003 als ADR-Rose anerkannt.

Poker®

Visitenkarte

Züchter
Meilland

Klassifizierung
Edelrose

Blütezeit
Juni–September

Wuchshöhe
40–60 cm

Einführungsjahr
1998

Poker ist eine Edelrose mit mittelstarkem Wuchs und weißen Blüten, die in der Mitte zartrosa sind. Diese sind relativ groß (Durchmesser 9–10 cm) und stark gefüllt. Bemerkenswert ist der intensive Duft nach Gewürztraminer und Pfirsich. Die Sorte besitzt eine sehr gute Blattgesundheit und eignet sich sowohl für die Einzel- als auch für die Gruppenpflanzung. Es handelt sich um eine Liebhaberrose für den Hausgarten.

Polarstern®

Diese 1982 eingeführte Sorte zählt mittlerweile zu den beliebtesten weißen Teehybriden. Sie ist reich blühend mit großem (Durchmesser: 9–11 cm) gut gefüllten, reinweißen Blüten. Zudem ist die Sorte überaus wuchsfreudig, gesund und winterhart. Sie verströmt einen leichten Duft und ist auch sehr gut für den Vasenschnitt geeignet. In England wurde sie bereits als »Rose of the year« ausgezeichnet.

Visitenkarte

Züchter
Tantau

Klassifizierung
Edelrose

Blütezeit
Juni–September

Wuchshöhe
60–100 cm

Einführungsjahr
1982

Polka®

Diese Sorte fällt vor allem durch ihre stark gefüllten, bernsteinfarbigen, nostalgisch geformten Blüten und die zerfransten Blütenblätter auf. Dazu verströmt sie einen intensiven, sehr angenehmen Duft und ist sehr regenfest. Polka liebt sonnige und nährstoffreiche Standorte. Sie kann einzeln oder in Gruppen gepflanzt werden und eignet sich auch sehr gut für den Vasenschnitt. Die Sorte wächst aufrecht und kann bis zu 1,5 m und höher werden.

Visitenkarte

Züchter
Meilland

Klassifizierung
Strauchrose

Blütezeit
Juni–September

Wuchshöhe
150 cm

Einführungsjahr
1991

Pomponella®

Visitenkarte

Züchter
W. Kordes' Söhne

Klassifizierung
Beetrose

Blütezeit
Juni–September

Wuchshöhe
80 cm

Einführungsjahr
2005

Bei dieser noch jungen, aber bereits mehrfach ausgezeichneten Sorte handelt es sich um eine wüchsige Beetrose mit einer hohen Blattgesundheit. Die Farbe der Blüten, die in reichen Dolden von 5–7 Blüten erscheinen, ist Dunkelrosa. Auffallend ist vor allem die Form der Blüten im Pompon-Stil alter Rosen, daher auch der Name der Sorte. Die aufrecht buschig wachsende Pomponella eignet sich auch sehr gut für den Vasenschnitt.

Pullman Orient Express®

Visitenkarte

Züchter
Bailey Nurseries/ Meilland

Klassifizierung
Edelrose

Blütezeit
Juni–September

Wuchshöhe
60–80 cm

Einführungsjahr
2002

Diese Edelrose zeigt ein faszinierendes Farbenspiel von gelb und rosa gerandeten Blüten und zeichnet sich durch einen üppigen Wuchs aus. Die Sorte ist sehr blühwillig und besitzt ein auffallend stark glänzendes, dunkelgrünes Laub. Die Blattgesundheit ist zufrieden stellend, der Duft relativ stark. Verwendet wird diese bis zu 80 cm hoch wachsende Rose sowohl für die Einzel- als auch für die Gruppenpflanzung.

Pur Caprice®

Diese interessante, kräftig kompakt wachsende Strauchrose mit Wildrosencharakter besitzt gerüschte, nur leicht gefüllte Blüten, wobei an einer Pflanze verschiedenfarbige Blüten von Zartgelb bis Rosaweiß erscheinen. Die Blüte erstrahlt zunächst strohgelb mit rosa Tupfen, dann cremefarben und schließlich grün. Die regenfeste und hitzeverträgliche Pur Caprice ist reich blühend und wurde bereits 1996 in Paris-Bagatelle, Rom und Baden-Baden ausgezeichnet.

Visitenkarte

Züchter
Delbard

Klassifizierung
Strauchrose

Blütezeit
Juni–September

Wuchshöhe
60–80 cm

Einführungsjahr
1997

Purple Meidiland®

Visitenkarte

Züchter
Meilland

Klassifizierung
Kleinstrauchrose

Blütezeit
Mai–Oktober

Wuchshöhe
40–60 cm

Einführungsjahr
2001

Diese magentarote (= helles Purpur) Kleinstrauchrose besitzt halb gefüllte, mittelgroße Blüten, die in einer Anzahl von 3–5 Stück pro Stiel erscheinen. Die Sorte ist sehr robust, blühwillig und frosthart. Damit ist sie auch für raue Klimagebiete gut geeignet. Die Resistenz gegenüber Mehltau und Sternrußtau ist sehr gut. Verwendet wird Purple Meidiland vor allem für Gruppenpflanzungen, ideal ist sie für das öffentliche Grün. ADR-Rose 2001!

Pußta®

Visitenkarte

Züchter
Tantau

Klassifizierung
Beetrose

Blütezeit
Juni–September

Wuchshöhe
60–80 cm

Einführungsjahr
1972

Diese bereits 1972 eingeführte Sorte zeichnet sich durch wohlgeformte, gut gefüllte Blüten von leuchtend dunkelroter Farbe aus. Sie hat einen aufrecht buschigen, gut verzweigten und kräftigen Wuchs und eine üppige dunkelgrüne Belaubung. Pußta ist eine sehr robuste Sorte, die vor allem für Parkanlagen sehr geeignet ist. Bereits im Einführungsjahr wurde die Sorte als ADR-Rose anerkannt.

Red Leonardo da Vinci®

Diese sehr reich blühende Beetrose mit ihrem romantischen Flair wurde 2005 als ADR-Rose anerkannt. Die Sorte besitzt rosettenartige, johannisbeerrote Blüten (Durchmesser ca. 7 cm), ist sehr robust und regenfest. Bemerkenswert ist die Blattgesundheit, vor allem die Resistenz gegenüber Mehltau. Der Duft ist relativ stark. Verwendet wird diese Rose mit dem berühmten Namen sowohl für die Einzel- als auch für die Gruppenpflanzung.

Visitenkarte

Züchter
Meilland

Klassifizierung
Beetrose

Blütezeit
Juni–September

Wuchshöhe
40–60 cm

Einführungsjahr
2003

Resonanz®

Das Auffallendste an dieser Beetrose sind die leuchtend roten, rundlichen Blüten, die halb gefüllt in Dolden erscheinen. Sie sind farbbeständig, haben eine sehr gute Fernwirkung und verströmen einen leichten Duft. Das Laub ist dunkelgrün glänzend und hat eine sehr gute Blattgesundheit. Sehr dekorativ ist der Hagebuttenansatz, wobei für einen guten Folgeflor ein Sommerrückschnitt erforderlich ist. ADR-Rose 2004!

Visitenkarte

Züchter
Noack

Klassifizierung
Beetrose

Blütezeit
Juni–September

Wuchshöhe
90–100 cm

Einführungsjahr
2005

Rhapsody in Blue®

Visitenkarte

Züchter
Cowlishaw/
Warner

Klassifizierung
Beetrose

Blütezeit
Juni–September

Wuchshöhe
bis zu 120 cm

Einführungsjahr
2002

Die im Jahr 2002 eingeführte Sorte hat eine sehr ungewöhnliche, purpurviolette Blütenfarbe mit weißer Mitte und gelben Staubgefäßen. Sie nähert sich am meisten der bis jetzt unerreichten blauen Rose, wirkt aber aus der Distanz tatsächlich blau. Sie wächst straff aufrecht und wird bis zu 1,2 m hoch. Die Blüten erscheinen von Juni bis September, die Sorte ist öfter blühend. Sie eignet sich sowohl für die Einzel- als auch für die Gruppenpflanzung.

Richard Strauss®

Diese nach dem berühmten Komponisten benannte Sorte hat sehr kleine (Durchmesser 3 cm) rosarote Blüten, die in der Mitte weiß sind. Diese sind einfach, rispenförmig angeordnet und öfter blühend. Das Laub ist mittel- bis dunkelgrün und glänzend. Sehr dekorativ ist der Hagebuttenansatz, wobei für einen guten Folgeflor ein Sommerrückschnitt erforderlich ist. Die Sorte eignet sich auch für die Heckenpflanzung und wurde 1991 als ADR-Rose anerkannt.

Visitenkarte

Züchter
Noack

Klassifizierung
Bodendecker

Blütezeit
Juli–Oktober

Wuchshöhe
100–120 cm

Einführungsjahr
1989

Romanze®

Romanze eignet sich besonders gut für die Container-Kultur sowie für die Pflanzung in Gruppen. Durch ihren breiten Wuchs wird sie aber auch gerne für flächige und straßenbegleitende Pflanzungen verwendet. Die Sorte wächst buschig, besitzt einen schnellen Durchtrieb, eine dichte Belaubung und ist sehr winterhart. Attraktiv sind die großen, leuchtenden, pinkfarbigen Blüten, die sich langsam aus den edlen Knospen entwickeln.

Visitenkarte

Züchter
Tantau

Klassifizierung
Strauchrose

Blütezeit
Juni–September

Wuchshöhe
120–150 cm

Einführungsjahr
1984

Rose des Cisterciens®

Visitenkarte

Züchter
Delbard

Klassifizierung
Strauchrose

Blütezeit
Juni–September

Wuchshöhe
100–120 cm

Einführungsjahr
1998

Diese anlässlich der 900-Jahr-Feier der Abtei von Citeaux benannte Strauchrose besitzt große, dicht gefüllte Blüten, die geflammt in Zartgelb und Altrosa erscheinen. Das Laub ist dunkelgrün und von guter Blattgesundheit. Das Interessante an diesem Strauch ist, dass er sich im Laufe seines Lebens völlig willkürlich verändert. Die hitzeverträgliche, relativ pflegeleichte Sorte verströmt einen fruchtigen Duft nach Pampelmuse und Mairose.

Rosenfee®

Bei dieser noch sehr jungen Züchtung handelt es sich um eine sehr reich blühende, harmonisch wachsende und widerstandsfähige Beetrose. Sie besitzt große, nostalgisch geformte und voll gefüllte Blüten, die aus lachsroten Knospen in einem kräftigen Rosa erscheinen und in großen Dolden stehen. Der Duft ist frisch und intensiv, die Blattgesundheit sehr gut. Rosenfee eignet sich sowohl zur Pflanzung in Rosenbeeten als auch in Kombination mit Stauden oder im Container.

Visitenkarte

Züchter
W. Kordes' Söhne

Klassifizierung
Beetrose

Blütezeit
Juni–September

Wuchshöhe
70 cm

Einführungsjahr
2006

Rote Woge®

Visitenkarte

Züchter
Meilland

Klassifizierung
Strauchrose

Blütezeit
Juni–September

Wuchshöhe
60–70 cm

Einführungsjahr
1991

Die rote Woge »überflutet« den Garten förmlich mit ihrem dunkelroten Blütenmeer. Diese Sorte ist sehr robust und frosthart und besitzt eine gute Resistenz gegenüber Mehltau und Sternrußtau. Sie wird sowohl für die Gruppen- als auch die Flächenpflanzung verwendet und eignet sich besonders gut für das öffentliche Grün. Die bis zu 70 cm hoch werdende Rote Woge wurde 1992 als ADR-Rose anerkannt.

Rotilia®

Visitenkarte

Züchter
W. Kordes' Söhne

Klassifizierung
Beetrose

Blütezeit
Juni–Oktober

Wuchshöhe
70 cm

Einführungsjahr
2000

Rotilia zählt zu den niedrigen roten Beetrosen und besticht durch ihre Robustheit, ihre ausgezeichnete Blattgesundheit und die Blühwilligkeit bis weit in den Herbst hinein. Die mittelgroßen karminroten Blüten sind nach innen gefüllt, schalenförmig, stehen in Dolden und verströmen einen leichten Duft. Der Wuchs ist kräftig und breitbuschig, das Laub dunkelgrün und glänzend. Es handelt sich um eine ideale und gesunde Beetrose für Rabatten und kleine Beete.

Sahara®

Visitenkarte

Züchter
Tantau

Klassifizierung
Strauchrose

Blütezeit
Juni–September

Wuchshöhe
100–120 cm

Einführungsjahr
1996

Diese 1996 eingeführte Strauchrose wächst breit buschig, ist stark wachsend und hat lange Triebe. Die gefüllten Blüten sind goldgelb bis bronzerot, die Blütezeit ist von Juni bis September (öfter blühend). Die Sorte wird wegen ihrer interessanten Farbe und dem ständigen Blütenflor geschätzt. Sie ist hitzeverträglich, regenfest und leicht duftend.

Sangerhäuser Jubiläumsrose®

Visitenkarte

Züchter
W. Kordes' Söhne

Klassifizierung
Beetrose

Blütezeit
Juni–September

Wuchshöhe
70 cm

Einführungsjahr
2003

Diese aufrecht buschig wachsende Sorte wurde dem Europa-Rosarium Sangerhausen zum 100-jährigen Bestehen gewidmet. Es handelt sich um eine sehr reich blühende Beetrose mit großen, stark gefüllten Blüten in nostalgischer Form. Diese sind zart aprikotfarben, werden im Verblühen zartrosa und verströmen einen zart süßlichen Duft. Das Laub dieser ausgezeichneten Rose ist dunkelgrün, dicht wachsend und von einer sehr guten Blattgesundheit.

Santana®

Visitenkarte

Züchter
Tantau

Klassifizierung
Kletterrose

Blütezeit
Juni–September

Wuchshöhe
250–350 cm

Einführungsjahr
1985

Die Sorte zeichnet sich durch ihre feurig roten Blüten aus, die von Juni bis September erscheinen und öfter blühen. Als Kletterrose an Fassaden und Rosenbögen wirkt sie außerordentlich attraktiv. Santana ist regenfest, sehr hitzeverträglich und verströmt einen mi den Duft. Sie wird bis zu 3,5 m hoch und wurde 1985 eingeführt. Die Sorte ist sehr blütenreich und zählt heute zu den beliebtesten der roten Kletterrosen. Ihr Laub ist lederartig und sehr robust.

Saremo®

Diese aufrecht buschig wachsende Strauchrose wird bis zu 1,2 m hoch, ebenso breit und hat gefüllte, in Dolden erscheinende rosa Blüten. Die Triebe sind locker überhängend. Das Laub ist mittel- bis dunkelgrün, glänzend und von guter Gesundheit. Sehr dekorativ ist der Hagebuttenschmuck. Die Sorte eignet sich für die Einzel-Gruppen- und Heckenpflanzung und verströmt einen leichten Duft. ADR-Rose 1998!

Visitenkarte

Züchter
Noack

Klassifizierung
Strauchrose

Blütezeit
Juni–September

Wuchshöhe
120 cm

Einführungsjahr
1999

Schloss Eutin®

Visitenkarte

Züchter
W. Kordes' Söhne

Klassifizierung
Strauchrose

Blütezeit
Juni–September

Wuchshöhe
120 cm

Einführungsjahr
2005

Bei dieser öfter blühenden Sorte handelt es sich um eine Mutation aus der bekannten Beetrose »Bremer Stadtmusikanten«. Die Blüten erscheinen zart aprikotfarben und haben eine dunkle Mitte. Sie sind gut gefüllt, edel geformt und verströmen einen leicht süßlichen Duft. Die Sorte wächst kräftig aufrecht, das Laub ist dunkelgrün glänzend, wobei die Laubgesundheit sehr zufrieden stellend ist. Die Sorte erreicht eine Höhe von 1,2 m und eine Wuchsbreite von ca. 60 cm.

Schloss Ippenburg®

Diese relativ junge Edelrose stellt eine außerordentlich gelungene Züchtung dar. Sie ist starkwüchsig, aufrecht wachsend und verströmt einen sehr intensiven Duft. Die Blüten sind groß (Durchmesser 8–10 cm), gut gefüllt und salmrosa. Die Sorte ist sehr regenfest, das Laub ist dunkelgrün und sehr gesund. Die bis zu 1 m hoch wachsende Rose eignet sich vor allem für die Gruppenpflanzung, ist aber auch für den Freiland-Blumenschnitt zu verwenden.

Visitenkarte

Züchter
Meilland

Klassifizierung
Edelrose

Blütezeit
Juni–September

Wuchshöhe
80–100 cm

Einführungsjahr
2006

Smooth Meidiland®

Visitenkarte

Züchter
Meilland

Klassifizierung
Kleinstrauchrose

Blütezeit
Juni–September

Wuchshöhe
40–60 cm

Einführungsjahr
2007

Diese noch ganz junge Züchtung besitzt kleine (Durchmesser lediglich 2 cm), ungefüllte Blüten in ziegelroter Farbe. Pro Stiel erscheinen dabei 20–30 Blüten. Die bis zu 60 cm hoch wachsende Sorte zeichnet sich durch einen kompakten und flachen Wuchs sowie durch die hervorragende Blattgesundheit aus. Sie ist ideal für die Kombination mit flachen Stauden, eignet sich aber auch sehr gut zur Flächenpflanzung.

Schneekönigin®

Diese weltweit beliebte Sorte wurde 1995 als ADR-Rose ausgezeichnet und besticht durch ihre einfachen, strahlend weißen Blüten mit gelber Mitte. Schneekönigin ist überaus reich blühend und besitzt einen angenehmen Wildrosenduft. Sie eignet sich mit ihrer guten Bodenabdeckung vor allem für mittelgroße bis große Pflanzungen und auch für die Kombination mit Stauden. Empfohlen werden 3 Pflanzen pro m².

Visitenkarte

Züchter
Tantau

Klassifizierung
Bodendecker

Blütezeit
Juni–September

Wuchshöhe
50–70 cm

Einführungsjahr
1992

Schneewalzer®

Visitenkarte

Züchter
Tantau

Klassifizierung
Kletterrose

Blütezeit
Juni–September

Wuchshöhe
250–300 cm

Einführungsjahr
1987

Diese Kletterrose wächst buschig aufrecht und wird bis zu 3 m hoch. Die Blüten sind reinweiß, gefüllt und sehr groß. Blütezeit: Juni bis September (Dauerblüher). Die Sorte eignet sich für Fassaden, Rosenbögen und Pergolen. Sie ist sehr hitzeverträglich und verströmt einen süßlichen Duft. Die Sorte besitzt eine mäßige Regenfestigkeit.

Schöne Dortmunderin®

Die Schöne Dortmunderin besitzt wunderbare halb gefüllte Blüten in einem intensiven, reinen Rosa. Diese sind klein (Durchmesser 4 cm), erscheinen in Dolden und sind öfter blühend. Die Sorte zeichnet sich durch eine sehr rasche Blütenneubildung aus! Das Laub ist mittelgrün glänzend mit einem rötlichen Rand. Auch die Triebe sind rötlich gefärbt. Die Rose wächst auch im Halbschatten, braucht aber mindestens 5 Stunden Sonne. ADR-Rose 1992!

Visitenkarte

Züchter
Noack

Klassifizierung
Bodendecker

Blütezeit
Juni–September

Wuchshöhe
60–70 cm

Einführungsjahr
1991

Sedana®

Sedana ist eine auffallend farbenfrohe Sorte mit cremeorangen bis apricotfarbenen Blüten. Diese sind klein (Durchmesser 5 cm), halb gefüllt, erscheinen in Dolden und sind öfter blühend. Faszinierend ist das Farbenspiel der Blüten, die Farbnuancen von Orange bis hin zu zarten Rosatönen aufweisen können. Das Laub ist mittelgrün, glänzend, ledrig und von einer sehr guten Farbgesundheit! Die Sorte ist früh blühend!

Visitenkarte

Züchter
Noack

Klassifizierung
Bodendecker

Blütezeit
Mai–Oktober

Wuchshöhe
60–70 cm

Einführungsjahr
2005

Simply®

Simply hat rosafarbene Blüten, die halb gefüllt und rispenförmig angeordnet sind. Sie erscheinen von Juni bis September, sind öfter blühend und haben einen starken zweiten Flor. Die Sorte wächst leicht bogig überhängend, deckt nach dem zweiten Jahr und eignet sich auch für die Heckenpflanzung. Das Laub ist mittel- bis dunkelgrün, glänzend und von sehr guter Blattgesundheit. ADR-Rose 2002!

Visitenkarte

Züchter
Noack

Klassifizierung
Bodendecker

Blütezeit
Juni–September

Wuchshöhe
80–100 cm

Einführungsjahr
2003

Smart Meidiland®

Visitenkarte

Züchter
Meilland

Klassifizierung
Kleinstrauchrose

Blütezeit
Juni–September

Wuchshöhe
40–50 cm

Einführungsjahr
2006

Smart Meidiland ist eine sehr kompakte Kleinstrauchrose mit auffallend großen Blütendolden. Damit ist sie auch eine ideale Bienenweide. Die Blüten sind weiß/rosa und ergeben zusammen mit den gelben Dolden ein faszinierendes Farbenspiel. Die Sorte verströmt einen sehr angenehmen, intensiven Duft nach Lindenblüten. Diese sehr robuste und bis zu 50 cm hoch wachsende Rose eignet sich ideal für kleine Gärten und für das öffentliche Grün.

Sommerabend®

Die 1995 eingeführte Rose wächst sehr buschig, niederliegend und wird nur bis zu 30 cm hoch. Damit zählt sie zu den Kleinstrauchrosen. Die kleinen Blüten sind leuchtend dunkelrot und erschienen von Juni bis September in dichten Büscheln (öfter blühend). Es handelt sich um eine regenfeste und hitzeverträgliche Sorte, die oft und reich blüht. Im Jahr 1996 wurde diese zunehmend beliebte Sorte als ADR-Rose anerkannt.

Visitenkarte

Züchter
W. Kordes' Söhne

Klassifizierung
Bodendecker

Blütezeit
Juni–September

Wuchshöhe
bis zu 30 cm

Einführungsjahr
1995

Sonnenröschen®

Visitenkarte

Züchter
W. Kordes' Söhne

Klassifizierung
Zwergrose

Blütezeit
Juni–September

Wuchshöhe
30 cm

Einführungsjahr
2005

Diese sehr blattgesunde Zwergrosen- bzw. Bodendecker-Neuheit besticht vor allem durch ihre weißen Blüten mit dem auffallenden gelben Auge. Sie ist öfter blühend und eignet sich ideal für kleinere Beete, für Steingärten sowie als Kübelpflanze. Der Wuchs ist buschig, wobei die Pflanze eine Breite von ca. 40 cm erreicht (bei einer Höhe von nur 30 cm). Die bereits mehrfach ausgezeichnete Sorte wurde 2003 als ADR-Rose anerkannt.

So Pretty®

Eine außergewöhnlich attraktive Sorte, die durch ihre orangeroten, leicht gefüllten Blüten und die auffallenden gelben Staubgefäße besticht. Damit stellt sie eine ideale Bienenweide dar und eignet sich vor allem für naturnahe Gärten. Die Blattgesundheit ist zufrieden stellend. Die bis zu 1,2 m hoch wachsende So Pretty eignet sich sowohl für die Einzel- als auch die Gruppenpflanzung und ist eine ideale Sorte für die Kombination mit Stauden.

Visitenkarte

Züchter
Meilland

Klassifizierung
Strauchrose

Blütezeit
Juni–September

Wuchshöhe
80–120 cm

Einführungsjahr
2006

Sorbet®

Visitenkarte

Züchter
Meilland

Klassifizierung
Kletterrose

Blütezeit
Juni–September

Wuchshöhe
200–250 cm

Einführungsjahr
1993

Diese edelrosenartige Kletterrose besitzt große (Durchmesser 10–12 cm) Blüten von zartrosa Farbe mit teilweise gelbem Einschlag. Sie wird bis zu 2,5 m hoch und verströmt einen angenehmen Duft. Diese öfter blühende Sorte eignet sich sowohl für den Topf, die Einzel- als auch Gruppenpflanzung und ist eine ideale Rose für Pergola oder Wandbepflanzung. Die Resistenz gegenüber Mehltau und Sternrußtau ist zufrieden stellend.

Sorrento®

Visitenkarte

Züchter
Noack

Klassifizierung
Bodendecker

Blütezeit
Juli–Oktober

Wuchshöhe
70–80 cm

Einführungsjahr
2005/06

Diese relativ neue, niedrig buschig wachsende Bodendeckerrose fasziniert vor allem durch die sehr gute Fernwirkung. Die leuchtend roten und farbbeständigen Blüten sind halb gefüllt und erscheinen in Dolden. Charakteristisch sind die sternförmig abstehenden äußeren Blütenblätter. Die Sorte zeichnet sich auch durch ihre sehr gute Blattgesundheit und ihre Hitzeverträglichkeit aus. Sie wurde 2006 als ADR-Rose anerkannt!

Sunlight Romantica®

Visitenkarte

Züchter
Meilland

Klassifizierung
Beetrose

Blütezeit
Juni–September

Wuchshöhe
40–50 cm

Einführungsjahr
2002

Diese goldgelbe Beetrose bezaubert mit dem Charme Alter Rosen und vermittelt ein romantisches Flair im Garten. Sie besitzt stark gefüllte, 6–7 cm große, leuchtend gelbe Blüten und verströmt einen intensiven, sehr angenehmen Duft. Dazu ist diese bis zu 50 cm hoch wachsende Sorte relativ robust und sehr regenfest. Verwendet wird sie vor allem für die Einzel- und Gruppenpflanzung, ist aber auch eine gute Containerrose.

Super Star®

Die Sorte trägt ihren Namen zu Recht, zählt sie doch bereits seit Jahrzehnten zu den weltweit beliebtesten Rosen. Sie besticht durch ihre schlanken Knospen und die gut gefüllten, salmorangefarbenen Blüten. Neben der leuchtenden Farbe wird auch der starke, angenehme Duft (nach Waldhimbeeren) sehr geschätzt. Da stets zahlreiche Blüten nachwachsen, können immer wieder Blumen für die Vase geschnitten werden. Super Star ist sehr wuchsfreudig und winterhart, der einzige Nachteil ist die Empfindlichkeit für Mehltaubefall.

Visitenkarte

Züchter
Tantau

Klassifizierung
Edelrose

Blütezeit
Juni–September

Wuchshöhe
80–100 cm

Einführungsjahr
1960

Sweet Pretty®

Diese attraktive Beetrose mit den eher kleinen (Durchmesser 5–6 cm) pastellrosa Blüten eignet sich ideal für den naturnahen Garten. Die Blüten sind ungefüllt und besitzen sehr markante Staubgefäße. Dadurch sind sie ein sehr wichtiger Pollenlieferant für Insekten. Die Sorte weist eine sehr gute Blattgesundheit auf und wird sowohl für die Gruppen- als auch für die Flächenpflanzung verwendet. Sweet Pretty verströmt einen leichten Duft.

Visitenkarte

Züchter
Meilland

Klassifizierung
Beetrose

Blütezeit
Juni–September

Wuchshöhe
60–80 cm

Einführungsjahr
2005

Sympathie

Visitenkarte

Züchter
W. Kordes' Söhne

Klassifizierung
Kletterrose

Blütezeit
Juni–September

Wuchshöhe
bis zu 400 cm

Einführungsjahr
1964

Die Blüten sind samtig dunkelrot, groß und leicht gefüllt. Sie blühen von Juni bis September und sind öfter blühend. Es handelt sich um eine schnell wachsende Sorte, die bis zu 4 m hoch werden kann. Die 1964 eingeführte Rose kommt im Garten wegen ihrer attraktiven Blüten besonders gut zur Geltung. Sie verströmt einen angenehmen Wildrosenduft. Es handelt sich um eine dankbare rote duftende Kletterrose, die sich vor allem für Wände, Pergolen und Rosenbögen eignet.

Tea Time®

Die Sorte eignet sich durch ihren starken, buschigen und aufrechten Wuchs besonders gut für kleine Gruppen und Edelrosenrabatten. Die mehrfach ausgezeichnete, leicht duftende Rose hat mittelgroße, gut gefüllte Knospen, die sich langsam zu großen kupfergoldorangen Blüten öffnen. Durch die Haltbarkeit der Blüten ist Tea Time auch sehr gut als Schnittblume geeignet. Die Farbe der Blüten kann je nach Jahreszeit und Temperatur von Dunkelkupfer bis Hellorange wechseln.

Visitenkarte

Züchter
Tantau

Klassifizierung
Edelrose

Blütezeit
Juni–September

Wuchshöhe
80–100 cm

Einführungsjahr
1994

Tequila®

Das Auffallendste an dieser buschig aufrecht wachsenden Beetrose ist die leuchtend orange Farbe ihrer Blüten, die vor allem aus der Ferne sehr gut zur Geltung kommt. Es handelt sich um eine robuste Sorte mit guter Blattgesundheit, die für alle Klimalagen geeignet ist. Die im Durchmesser 7–8 cm großen Blüten verströmen einen dezenten Duft. Tequila wird sowohl für die Einzel-, Gruppen- als auch Flächenpflanzung verwendet.

Visitenkarte

Züchter
Meilland

Klassifizierung
Beetrose

Blütezeit
Juni–September

Wuchshöhe
50–70 cm

Einführungsjahr
2003

Tornella®

Visitenkarte

Züchter
Noack

Klassifizierung
Strauchrose

Blütezeit
Juni–September

Wuchshöhe
150 cm

Einführungsjahr
2005

Diese breitbuschig aufrecht wachsende Strauchrose besitzt samtrote Blüten, die gefüllt sind, in Dolden erscheinen und einen Durchmesser von ca. 8 cm erreichen. Zudem sind sie auch sehr farbbeständig. Das Laub ist dunkelgrün, glänzend und ledrig. Neben ihre Verwendung als Gartenpflanze eignet sich Tornella auch sehr gut für den Vasenschnitt. Bemerkenswert an dieser sehr hoch wachsenden Sorte sind die sehr kräftigen Triebe.

Tour Eiffel 2000®

Diese sehr kräftig wachsende Sorte wurde als offizielle Rose der Jahr-2000-Feier beim Eiffelturm in Paris ausgewählt. Es ist eine Kletterrose mit wunderbaren dunkelroten Blüten, die in üppigen Büscheln entlang der Triebe erscheinen. Die sehr blühfreudige Sorte sticht durch ihre wunderschöne Farbe schon von weitem ins Auge. Die Pflanze hat glänzendes, gesundes Laub, verströmt einen zarten, frischen Duft und ist sehr krankheitsresistent.

Visitenkarte

Züchter
Delbard

Klassifizierung
Kletterrose

Blütezeit
Juni–September

Wuchshöhe
250–300 cm

Einführungsjahr
1998

Unicef-Rose®

Visitenkarte

Züchter
W. Kordes' Söhne

Klassifizierung
Beetrose

Blütezeit
Juni–September

Wuchshöhe
80 cm

Einführungsjahr
2006

Diese Rose nimmt eine Sonderstellung ein, kommt doch ein Teil des Lizenzerlöses jeder Pflanze unter dem Motto »Jede Blüte ein Kinderlächeln« als Spende der Unicef zugute. Abgesehen davon ist diese Sorte extrem robust und besitzt eine ausgezeichnete Blattgesundheit. Die leicht gefüllten Blüten erscheinen in Lachsrosa, wobei die Blütenfülle enorm ist. Diese buschig bis breit wachsende Rose besitzt auch eine sehr gute Bodendeckung.

Venice®

Diese niedrig buschig wachsende Bodendeckerrose fasziniert durch den Kontrast zwischen den reinweißen Blüten, den auffallend leuchtenden gelben Staubgefäßen und dem dunkelgrünen, glänzenden Laub. Dazu sind die Knospen zart lachsrosa gefärbt. Sehr dekorativ ist der Hagebuttenansatz, wobei für einen guten Folgeflor ein Sommerrückschnitt erforderlich ist. Die Sorte wurde 2002 als ADR-Rose anerkannt.

Visitenkarte

Züchter
Noack

Klassifizierung
Bodendecker

Blütezeit
Juni–September

Wuchshöhe
80–100 cm

Einführungsjahr
2003

Vinesse®

Visitenkarte

Züchter
Noack

Klassifizierung
Beetrose

Blütezeit
Juni–September

Wuchshöhe
60 cm

Einführungsjahr
2001

Es handelt sich um eine äußerst attraktive Beetrose mit rosa bis apricotfarbenen, halb gefüllten und leicht duftenden Blüten. Die Sorte ist öfter blühend, wobei der erste Flor sehr stark und auch die Folgeflore kräftig sind. Sehr dekorativ ist der Hagebuttenansatz, wobei für einen guten Folgeflor ein Sommerrückschnitt erforderlich ist. Die Sorte eignet sich auch sehr gut als Schnittrose und wurde 2000 als ADR-Rose anerkannt.

Westerland®

Westerland ist eine leuchtend gelb-orange Rose mit großen, halbgefüllten Blüten. Der Duft ist stark und kräftig duftend, die Blühzeit von Juni bis zum Frost. Die Sorte wurde 1969 eingeführt und zeichnet sich durch einen kräftigen, buschigen und verzweigten Wuchs aus. Eine pflegeleichte Rose, die für ihre Leuchtkraft und intensiven Duft geschätzt wird. Sie wird bis zu 1,5 m hoch. Westerland eignet sich sowohl für die Einzel- als auch für die Gruppenpflanzung und wurde 1974 als ADR-Rose anerkannt.

Visitenkarte

Züchter
W. Kordes Söhne

Klassifizierung
Strauchrose

Blütezeit
Juni–September

Wuchshöhe
bis 150 cm

Einführungsjahr
1969

Westzeit®

Visitenkarte

Züchter
Noack

Klassifizierung
Beetrose

Blütezeit
Juni–September

Wuchshöhe
60–70 cm

Einführungsjahr
2004

Die Sorte Westzeit fasziniert vor allem durch ihre leuchtenden Farben und das sehr interessante Farbenspiel der Blüten. Diese erscheinen in Farben von Orange bis Apricot und Rosa, sind halb gefüllt und verströmen einen leichten Duft. Die Rose hat eine ausgezeichnete Fernwirkung, eine schnelle Blütenneubildung und eine sehr gute Blattgesundheit. Sie eignet sich auch sehr gut für den Vasenschnitt und wurde 2007 als ADR-Rose anerkannt!

Windrose®

Visitenkarte

Züchter
Noack

Klassifizierung
Bodendecker

Blütezeit
Juni–September

Wuchshöhe
80 cm

Einführungsjahr
1993

Die leicht bogig überhängende Windrose hat kleine, leicht gefüllte zartrosa Blüten mit leuchtend gelben Staubgefäßen. Die Sorte ist öfter blühend mit einem sehr starken ersten Flor. Das Laub ist dunkelgrün glänzend und von einer sehr guten Blattgesundheit. Die Rose ist hitzeverträglich, regenfest und eignet sich sowohl für die Gruppen- und Flächenpflanzung als auch für die Heckenpflanzung. ADR-Rose 1995!

Yellow Meilove®

Visitenkarte

Züchter
Meilland

Klassifizierung
Beetrose

Blütezeit
Juni–September

Wuchshöhe
40–60 cm

Einführungsjahr
2007

Diese Neuheit beeindruckt durch ihre attraktiven hellgelben Blüten und verströmt einen leichten Duft. Sie hat starke Stiele, einen aufrechten Wuchs und eine sehr gute Blattgesundheit. Vor allem die Resistenz gegenüber Mehltau ist hervorzuheben. Die Sorte eignet sich für die Gruppen- und die Flächenpflanzung. Die Blüten mit einem Durchmesser von 5–6 cm erscheinen in einer Anzahl von 3–5 Stück pro Stiel.

Yellow Romantica®

Eine Sorte mit romantischem Flair, die durch ihre stark gefüllten, rosettenartigen, reingelben Blüten fasziniert. Es handelt sich hierbei um die gelbe Mutation der Sorte Colette®. Zudem verströmt diese Strauchrose einen sehr intensiven Duft. Die bis zu 1,5 m hoch wachsende Yellow Romantica besitzt eine relativ gute Blattgesundheit und eignet sich für die Einzel- und die Gruppenpflanzung. Sie ist aber auch als Kletterrose einsetzbar.

Visitenkarte

Züchter
Meilland/
Martens

Klassifizierung
Strauchrose

Blütezeit
Juni–September

Wuchshöhe
150 cm

Einführungsjahr
1999

Glossar

Ableger, Absenker: Vegetative Vermehrungsart (natürlich oder künstlich); verschiedene Formen von Trieben, die zunächst noch mit der Mutterpflanze in Verbindung stehen, aus denen sich aber später bewurzelte Jungpflanzen entwickeln.

Adern: Leitungsbahnen in den Blättern, die deutlich erkennbar sind.

Anhäufeln: Form des Winterschutzes über der Veredelungsstelle.

Anthere: oberer Teil des männlichen Staubblattes, der auf dem Staubfaden sitzt und auch als Staubbeutel bezeichnet wird. Die Anthere enthält die Pollensäcke, welche sich zur Reifezeit öffnen und den Blütenstaub freigeben.

Ätherische Öle: pflanzliche Öle, die je nach Herkunftspflanze bestimmte Duftstoffe enthalten. Sie befinden sich in kleinen Hohlräumen in der Oberhaut der Blätter oder Blüten. Bei Wärme verflüchtigen sie sich sehr rasch und geben Duftstoffe frei (ätherisch bedeutet auf deutsch flüchtig, leicht verdampfend). Die ölproduzierenden Teile der Pflanze werden geerntet und destilliert, um die begehrten Essenzen zu gewinnen (z. B. Rosenöl).

ausladend: Die Pflanze wächst mehr in die Breite als in die Höhe.

Blattachsel: Winkel bzw. Bereich, an dem Blattoberseite (bzw. Blattstieloberseite) und Sprossachse ineinander übergehen. Aus den hier entstehenden Knospen (Achselknospen genannt) können vegetative Seitentriebe (Achseltriebe) oder Blüten bzw. Blütenstände hervorgehen.

Blütenkrone: alle entweder einzeln stehenden oder miteinander verwachsenen Blütenblätter (auch Petalen genannt) einer Blüte.

Blütenstand: Die Blütenstände der Rose erscheinen als Dolden, Rispen, Büschel oder als Einzelblüten. Bei einem endständigen Blütenstand sprießen die Blüten am Ende eines Triebes, bei einem achselständigen Blütenstand aus einer Blattachsel.

Bodenmüdigkeit: Werden Pflanzen gleichartiger Folgekulturen nacheinander auf der gleichen Fläche gepflanzt (Rosen auf Rosen etc.), kann dies zu einer Beeinträchtigung des Wachstums führen.

Chlorose: durch Chlorophyllmangel bedingte Mangelerscheinung, die sich vor allem durch die Gelbfärbung der Blätter oder verbrennungsartige Blattschädigungen bemerkbar macht. Sie ist meist Zeichen für einen Mangel an Mineralstoffen, besonders Bor, Eisen (Eisenchlorose), Magnesium, Schwefel oder Stickstoff, und lässt oft auch auf einen zu hohen Kalkgehalt im Boden schließen.

Dolde: flacher Blütenstand, wobei die Einzelblüten einem gemeinsamen Punkt entspringen.

Edelreis: Teil eines Triebes aus dem Vorjahr, der bei einer Veredelung auf eine Unterlage (Wurzelstock) aufgepfropft wird.

Fertil: fruchtbar und reichlich Samen tragend.

Flor: bezeichnet die Blühperiode einer Pflanze. Öfter blühende Rosen haben einen Hauptflor (Juni) und danach weitere Folgeflore.

Fungizid: Mittel zur Bekämpfung von Pilzen.

generative Vermehrung: geschlechtliche Vermehrung durch Samen.

gesägt: Ausformung der Blattränder bei vielen Rosensorten, deren nach vorne gerichteten Zacken an das Blatt einer Säge erinnern.

gezähnt: im Gegensatz zu »gesägt« zeigen die Zähne des Blattrandes direkt nach außen.

Haarwurzel: feine, kleine und junge Wurzeln in großer Zahl, über welche die Pflanze Nährstoffe und Wasser aus dem Boden aufnimmt.

Halbstamm: Rosen mit einer Stammhöhe von 60–70 cm.

Hochstamm: Der Stamm erreicht eine Höhe von 90 cm und mehr, wobei die Rosen meist mit Edel- oder Bodendeckerrosen veredelt werden.

Hybride: Kreuzung zwischen Arten einer Gattung oder verschiedener Gattungen (Mehrgattungshybriden). Wurden zwei Pflanzen der gleichen Gattung gekreuzt, spricht man von Arthybriden.

Internodium: Stängelteil, der zwischen den Ansatzstellen der Blätter (Knoten) liegt.

Klon: Pflanzen, die ungeschlechtlich vermehrt worden sind und von einer Mutterpflanze abstammen. Die Klone besitzen das gleiche Erbgut.

Kreuzung: Übertragung von Pollen von einer Blüte auf die einer anderen Pflanze (gezielt oder natürlich) und die daraus entstandene Sorte oder Hybride.

Okulieren: Art der Pflanzenveredelung, die hauptsächlich bei Rosen und Obstgehölzen angewandt wird. Man benötigt eine als Unterlage bezeichnete Mutterpflanze, in deren Wurzelhals (bei Rosen) ein Auge, d. h. eine Knospe eingesetzt wird. Anschließend wird das Auge mit Bast oder einem Gummiband zum besseren Anwachsen an die Unterlage gedrückt.

Remontieren: die Eigenschaft bei Rosen, nach der Hauptblüte noch weitere Blüten oder im Herbst überhaupt einen neuen Blütenflor zu bilden.

Rosette: spezielle Blütenform bei Rosen.

Solitär: eine Pflanze, die als Blickfang allein steht.

Spalier: eine Konstruktion aus Holzlatten oder Draht, an der Kletterpflanzen befestigt werden und die als Steighilfe dient. Man kann Spaliere frei im Garten aufstellen oder aber in geringem Abstand an einer Mauer oder Hauswand.

Stachel: Auswuchs der Oberhaut (Epidermis) eines Triebes oder einer Blattader. Dieser ist spitz, scharf, meist hart und hat bei Rosen oft eine breite, ovale Basis.

Staude: mehrjährige, ausdauernde und nicht verholzende Pflanze.

steril: unfruchtbar, es werden keine Samen oder Früchte gebildet.

Stiel: botanisch gesehen blattlos. Bei Rosen handelt es sich im unteren Teil um einen Trieb. Der eigentliche Blütenstiel beginnt ab dem obersten Blatt und endet an der Blüte.

Unterlage: Pflanze, auf die zu Veredelungszwecken ein Edelreis oder ein Edelauge aufgepfropft (okuliert) wird. Die Unterlage sichert die Versorgung des Triebs mit Wasser und Nährstoffen und dient später als Wurzelsystem, während die Veredelung den Spross oder die Krone bildet. Die Unterlage bringt auch Resistenzen gegen Krankheiten mit, welche die veredelte Pflanze auf Dauer schützen. Sprossteile (Wildtriebe) der Unterlage entfernen.

vegetative Vermehrung: die ungeschlechtliche Vermehrung durch Absenker, Stecklinge oder Veredelung.

Veredelungsstelle: die Stelle, an der das Edelauge auf die Unterlage gesetzt wurde und bereits mit ihr verwachsen ist. Die Veredelungsstelle ist meist an einer Verdickung erkennbar.

Wildtrieb: Trieb aus der Unterlage einer veredelten Rose, der meist durch Beschädigung der Wurzel entsteht. Er muss stets durch Abreißen oder Wegschneiden restlos entfernt werden.

Artenverzeichnis

Bildnachweis

W. Kordes' Söhne Rosenstraße 54, D-25365 Klein Offenseth-Sparrieshoop
E-Mail: info@Kordes-Rosen.com • Internet: www.kordes-rosen.com
14, 49 o, 49 u, 50o, 50u, 51o, 51u, 54o, 54u, 61u, 65o, 77o, 93o, 93u, 105o, 114o, 114u, 115o, 115u, 119o, 119u, 132o, 132u, 135u, 137o, 140o, 140u, 142, 146u, 147u, 150u, 163u, 167o, 167u, 171u, 178o, 185, 187o, 187u, 189o, 192, 202u

Baumschule Teuffenbach Dorfstraße 37, A-9552 Steindorf am Ossiacher See
E-Mail: teuffenbach@baumschule.at
7, 8, 12o, 18, 31, 44o, 44u, 57u, 59u, 61o, 64o, 67o, 79o, 80, 94, 97, 99o, 103o, 104, 106, 112, 117u, 118, 120, 136, 138u, 144o, 145u, 155, 156o, 156u, 157u, 160o, 161o, 161u, 163o, 165, 168o, 168u, 169o, 174, 180u, 182u, 188u, 190, 196u, 201, 208, 215o, 219

Manfred Döpper Tulpenweg 14, A-9581 Ledenitzen
13o, 29, 30o, 38, 47u, 110o, 128o, 182o

Noack Rosen Baum- und Rosenschulen, Inh. Reinhard Noack
Im Fenne 54, D-33334 Gütersloh
E-Mail: info@noack-rosen.de • Internet: www.noack-rosen.de
15, 34, 37, 42, 46o, 46u, 52o, 52u, 62, 72, 75, 76o, 76u, 90o, 90u, 92o, 92u, 105u, 107o, 107u, 108o, 108u, 116, 123o, 125o, 125u, 126o, 126u, 130, 133o, 133u, 134o, 134u, 141o, 141u, 146o, 147o, 148o, 148u, 158, 159, 162u, 166u, 181u, 183o, 191, 197, 198, 199, 205o, 205u, 210, 213, 214o, 214u, 216o, 216u, 217o, 217u

RosenWelt Tantau Tornescher Weg 14, D-25436 Uetersen
E-Mail: tantau@rosen-tantau.com • Internet: www.rosen-tantau.com
45o, 53, 56, 57o, 59o, 60o, 60u, 63, 64u, 65u, 66o, 73u, 81, 98u, 102o, 102u, 103u, 121, 122, 123u, 127, 143u, 144, 152, 164, 177o, 183u, 188o, 195, 196o, 207o, 209o

Prinz-Rosen St. Jakober Straße 8, A-9400 Wolfsberg
E-Mail: prinz-rosen@aon.at • Internet: www.prinzrosen.at, www.rosenprinz.at
98o, 117o, 215u

BKN Strobel – BKN Strobel – Meilland Pinneberger Straße 238,
D-25488 Holm-Kreis Pinneberg
E-Mail: info@bkn.de • www.bkn.de
12u, 13u, 45u, 55o, 67u, 71u, 74, 77u, 79u, 82, 84o, 84u, 86o, 86u, 87, 88, 89, 91, 96, 99u, 101, 111, 113, 129o, 129u, 137u, 138o, 139, 143o, 145o, 149o, 149u, 150o, 170, 171o, 173, 175u, 176o, 176u, 177u, 178u, 180o, 181o, 186, 189u, 193, 194, 200, 202o, 203, 204, 206, 207u, 209u, 212o, 212u, 218

Rosen Delbard 03600 Malicorne, France
E-Mail: pepiniere@delbardpro.com • www.delbard.com
2, 35, 47o, 48, 55u, 58, 66u, 68o, 68u, 69o, 69u, 70, 71o, 73o, 78, 83, 85, 95o, 95u, 100, 109, 110u, 124o, 124u, 128u, 131, 151o, 151u, 153, 154, 157o, 160u, 162o, 166o, 169u, 172, 175o, 179, 184, 211

Herbert Wukoutz Blumen Wukoutz, Pischeldorfer Straße 192, A-9020 Klagenfurt
E-Mail: office@orchideen.co.at • www.orchideen.co.at
26, 27o, 27u, 28, 30u

Illustrationen: Werner Lössl

20o, 20m, 20u, 22